Die Riester-Rente

Planungshilfen, Finanzierungsformen,
Fördermöglichkeiten, Vorsorge im Betrieb

© Verbraucherzentrale NRW e. V., Düsseldorf
2., aktualisierte Auflage, Juni 2009, 11.–18. Tausend

ISBN 978-3-938174-86-9
Printed in Germany

Inhalt

1
Optimal vorsorgen

Falsche Abschlüsse bei langfristigen Vorsorgeverträgen
vernichten jährlich privates Geldvermögen in Milliarden-
höhe. Oft wird den betroffenen Sparern der Fehler erst
nach Jahren bewusst. Dann aber ist es meist zu spät, um
ohne größere Einbußen aus der Sache herauszukommen.
Das ist besonders schmerzhaft, wenn der Spielraum für
die Vorsorge ohnehin eng begrenzt ist oder wenn erst
kurz vor Rentenbeginn die Erkenntnis dämmert, dass der
Lebensstandard trotz Sparfleißes nicht gehalten werden
kann. Deshalb erfordert die Planung der richtigen Altersvorsorge eine sorgfältige Vorbereitung.

Ohne Sparen geht es nicht

Rotstift bei der Rente   Steigende Beiträge, sinkende Renten – auch in den Jahren
nach der als Jahrhundertwerk gefeierten Rentenreform
2002 setzte der Staat wiederholt den Rotstift bei der Rente
an: 2007 ist zum Beispiel der Rentenbeitrag von 19,5 auf
19,9 Prozent leicht erhöht worden. Ab 2012 soll zudem das
Renteneintrittsalter von derzeit 65 Jahre schrittweise auf
67 Jahre angehoben werden. Kurz: Die Überalterung der
Bevölkerung, die andauernde Wirtschaftsflaute und ver-
spätete Reformen zwingen zu den härtesten Einschnitten
seit Gründung der Bundesrepublik – und verlangen Bürge-
rinnen und Bürgern einiges an Anpassungsfähigkeit ab.

Bei der gesetzlichen Rente müssen Ruheständler seit
April 2004 den Beitrag zur Pflegeversicherung allein
aufbringen. Bis dahin hatte die Rentenkasse die Hälfte
zugeschossen. Zum 1. Juli 2008 ist zudem der Beitrag
im Zuge der Pflegeversicherungsreform auf 1,95 Prozent
erhöht worden. Hinzu kam ein weiterer Beitragszuschlag
von 0,25 Prozent für alle, die keine Kinder großgezogen
haben. Maximal gehen daher mittlerweile bis zu 2,10 Prozent allein für die Pflegeversicherung von der Rente weg.

Mehr noch: Schon 2005 ist der Auszahlungstermin für die Rente nach hinten geschoben worden. Während der Staat bis dahin immer im Voraus zahlte, wird Neurentnern seither die gesetzliche Versorgung erst am Monatsende auf ihrem Konto gutgeschrieben. Darüber hinaus ist in den Jahren 2005 und 2006 erstmals seit Bestehen der dynamischen Rentenversicherung die Rentenerhöhung völlig ausgefallen. Künftige Rentenanpassungen sollen zudem durch einen Nachhaltigkeitsfaktor gedeckt werden. Denn das größte Problem für die staatliche Rentenkasse ist die zunehmende Überalterung der Bevölkerung. Finanzieren heute 100 Erwerbstätige mit ihren Beiträgen die Renten von 56 Ruheständlern, so werden es künftig 80 bis 95 Rentner je 100 Erwerbstätige sein. Der Nachhaltigkeitsfaktor greift deshalb regulierend ein. Er bewirkt, dass die jährliche Rentenerhöhung automatisch geringer ausfällt als die durchschnittliche Lohnsteigerung, wenn mehr Arbeitnehmer in Rente gehen als neue Erwerbstätige ins Berufsleben eintreten – und sich dadurch das Verhältnis zwischen Beitragszahlern und Rentnern weiter verschlechtert. Diese neue Anpassungsformel wurde bislang zwar ausgesetzt, weil die Rente infolge der schlechten Wirtschaftslage sonst 2005 und 2006 sogar gesunken wäre. Doch aufgeschoben ist nicht aufgehoben. Ab 2011 will die Regierung die unterbliebenen Kürzungen nachholen. Rentner müssen sich spätestens ab dann wieder auf niedrigere Erhöhungen ihrer Bruttorente einstellen.

Neue Anpassungsformel

Netto zehren ohnehin auch steigende Krankenversicherungsbeiträge an der Rente. So müssen Rentner den 2007 eingeführten Zusatzbeitrag von 0,9 Prozent für Zahnersatz und Krankengeld – wie alle anderen gesetzlich Versicherten – allein aufbringen. Darüber hinaus gilt seit Januar 2009 ein einheitlicher Beitragssatz von 14,6 Prozent (ab Juli 2009: 14,0 Prozent) für alle Krankenkassen. Davon trägt der Staat die Hälfte mit. Unterm Strich müssen gesetzlich versicherte Rentner daher mittlerweile 8,2 Prozent (ab Juli 2009: 7,9 Prozent) der Bruttorente für Krankenversicherung ausgeben – Zuzahlungen für Medikamente und Praxisgebühr noch gar nicht eingerechnet.

Damit nicht genug: Um die Vorgaben eines Urteils des Bundesverfassungsgerichts vom Frühjahr 2002 umzusetzen, hat der Gesetzgeber die steuerliche Behandlung aller Alterseinkünfte 2005 auf eine nachgelagerte Besteuerung umgestellt. Dadurch können mittlerweile zwar mehr Rentenbeiträge von der Steuer abgesetzt werden, im Gegenzug werden aber die Rentenauszahlungen schrittweise voll steuerpflichtig. So sieht es jedenfalls das am 1. Januar 2005 in Kraft getretene Alterseinkünftegesetz (AltEinkG) vor.

Alle Rentenversicherten müssen sich deshalb darauf einstellen, künftig auch privat für das Alterseinkommen vorzusorgen. Dabei werden sie vom Staat durchaus unterstützt. Schon 2002 hat der Gesetzgeber im Zuge der damaligen Rentenreform die Riester-Rente eingeführt, bei der Sparer mit Zulagen und Steuervorteilen gefördert werden. Daneben wird auch die betriebliche Altersvorsorge steuerlich begünstigt. Hinzu kam 2005 als dritte Form der geförderten Vorsorge die sogenannte Rürup-Rente (⋯➔ Seite 93). Denn das Alterseinkommen der Zukunft soll auf drei Säulen stehen: der staatlichen Rente, einer ergänzenden betrieblichen Rente und der zusätzlichen Privatvorsorge.

Drei Säulen der Altersvorsorge

Nur wer breit gestreut für sein Alter vorsorgt und Angebote zur betrieblichen und privaten Altersvorsorge auch nutzt, wird im Ruhestand über ein Einkommen verfügen, das dem Niveau heutiger Rentnergenerationen entspricht. Denn so viel steht fest: Allein die Rente vom Staat wird den derzeit Erwerbstätigen im Alter nicht reichen. Im Gegenteil! Für sie wird die private Vorsorge zur Pflicht. »In heutigem Geld-

Private Vorsorge ein Muss!

wert gerechnet würde ein Rentner, der 1.200 Euro Rente
erhält, für seine Beiträge im Jahr 2030 nur noch 860 Euro
bekommen«, rechnet beispielsweise Winfried Schmähl,
ehemaliger Vorsitzender des Sozialbeirats der Bundesregierung, die Folgen der Rentenreformen vor. Zieht
man davon noch die geplante höhere Steuerbelastung
ab, erreichen die Rentner von morgen bestenfalls eine
Staatsrente von rund 50 Prozent ihres durchschnittlichen
Nettoeinkommens. Die 2007 beschlossene schrittweise
Erhöhung des Renteneintrittsalters auf 67 Jahre wird die
Absenkung des Rentenniveaus zwar tendenziell etwas
abmildern. Davon profitieren werden aber nur jene, die
wirklich so lange arbeiten und entsprechend länger Beiträge zahlen. Wer dagegen mit 65 Jahren oder noch früher
in den Ruhestand will, muss weitere erhebliche Abschläge
bei der Rente einkalkulieren. Denn für jeden Monat, um
den die Rente vor dem offiziellen Rententermin beginnt,
wird die gesetzliche Rente um 0,3 Prozent gekürzt. Das
macht maximal 14,4 Prozent Abschlag, die zudem für den
gesamten Ruhestand gelten – und nicht nur für die Jahre
bis Rentenbeginn. Außerdem fehlen bei vorzeitigem Rent-
nerdasein auch die paar Beitragsjahre bis zum offiziellen
Rententermin. Kurz: Die vorgezogene Rente fällt besonders
mickrig aus.

*Drastische Abschläge
bei Vorruhestand*

Die Gewerkschaften und andere Kritiker betrachten die
Einführung der Rente mit 67 Jahren daher als weitere ver-
kappte Rentenkürzung. Denn die wenigsten Arbeitnehmer
können oder wollen bis 67 arbeiten. Beschäftigte in kör-
perlich belasteten Berufen werden allein aus gesundheit-
lichen Gründen oft nicht so lange im Job bleiben können.
Andere finden im Alter schlicht keinen Arbeitsplatz mehr.
Seit über fünf Jahren sinkt beispielsweise der Anteil an
Neurentnern, die unmittelbar vor Rentenbeginn noch
sozialversicherungspflichtig gearbeitet haben. Lediglich
30,8 Prozent aller Neurentner hatten in den drei Jahren

Rente mit 67

davor noch durchgängig einen Vollzeitjob, so eine Studie
der Deutschen Rentenversicherung aus dem Jahr 2007. Alle
anderen waren in dieser Zeit länger arbeitslos, krank oder
nur geringfügig beschäftigt. Kein Wunder daher, dass die
Zahl derjenigen, die eine Rente mit Abschlag in Kauf nehmen müssen, zwischen 2003 und 2007 bereits von 35 auf
über 50 Prozent gestiegen ist.

Auch in Zukunft wird sich an diesem Trend möglicherweise
nicht viel ändern – trotz der »Initiative 50+«, die die Bundesregierung flankierend zur Anhebung des Rentenalters
verabschiedet hat, um die Beschäftigungschancen Älterer
zu verbessern. Das Problem: Zeitgleich mit der Anhebung
der Altersgrenze kommen die geburtenstarken Jahrgänge
der Babyboomer-Generation ins Ruhestandsalter. Der
prognostizierten, demografisch bedingten stärkeren Nach-
frage nach Arbeitskräften steht daher zugleich ein großer
Pool an älteren Arbeitnehmern gegenüber. Das drückt
insbesondere die Beschäftigungschancen gering Qualifi-

**Auswirkungen auf
Arbeitsmarkt**

zierter. Zugleich hat sich die Lage am Arbeitsmarkt – wie
schon in früheren konjunkturellen Schwächeperioden – infolge der Finanzkrise wieder spürbar verschärft.

Darüber hinaus tun sich zusätzliche Versorgungslücken
auf: Denn zeitgleich mit Einführung der Rente mit 67 laufen
die meisten Regelungen zur Frühverrentung aus. Nach

**Frühverrentung als
Auslaufmodell**

1952 Geborene haben in der Regel daher überhaupt keine
Chance, vor dem 63. Lebensjahr eine Rente vom Staat zu
erhalten. Denn die Renten mit 60 für Frauen oder nach Arbeitslosigkeit und Altersteilzeit wurden abgeschafft. Und
auch in den Genuss einer vorzeitigen Rente mit 63 Jahren
kommen nur noch Arbeitnehmer, die mindestens 35 Beitragsjahre in der gesetzlichen Rentenversicherung nachweisen können. Alle anderen müssen bis zu ihrem regulären Rententermin warten.

Allein mit der 2002 eingeführten Riester-Rente werden sich die Versorgungslücken daher kaum noch schließen lassen. Berücksichtigt man alle Reformen seit der Jahrtausendwende, reicht die geförderte Altersvorsorge nicht einmal mehr aus, um die Kürzungen bei der gesetzlichen Rente auszugleichen – geschweige denn jene Versorgungslücken zu schließen, die bei den meisten Arbeitnehmern schon heute bestehen. Mehr noch: Die Heraufsetzung des Rentenalters kommt in vielen Fällen nicht nur einer weiteren Rentenkürzung gleich, sondern das größte Risiko der neuen Regelung liegt vielmehr darin, vor Rentenbeginn arbeitslos oder krank zu werden oder Jahre mit geringem Erwerbseinkommen überstehen zu müssen. Das zwingt viele dazu, ihre bisherige Vorsorgestrategie zu überdenken oder sich neue, flexible Varianten zu überlegen.

Wachsende Versorgungslücken

Rentenniveau

Das Rentenniveau gibt an, wie viel Prozent vom Einkommen eines Arbeitnehmers ein Ruheständler als Rente erwarten kann. Wohl kein Begriff wird aber so oft missverstanden. Denn die Höhe der späteren Rente richtet sich keinesfalls nach dem, was zuletzt verdient wurde. Vielmehr ist das Rentenniveau eine theoretische Größe, die sich daran orientiert, wie viel Rente ein Durchschnittsverdiener erwarten kann, der 45 Jahre lang ununterbrochen Beiträge in die Rentenkasse gezahlt hat. Diese Standardrente wird ins Verhältnis zum Arbeitsentgelt eines Durchschnittsverdieners gesetzt.

Standardrente eines Durchschnittsverdieners

Da die Rente vom Staat seit Anfang 2005 steuerpflichtig ist, wird das Rentenniveau seither nur noch vor Steuern betrachtet. Derzeit liegt das Bruttorentenniveau etwa bei 48 Prozent des durchschnittlichen Bruttoentgelts. Bis 2030 soll es nicht unter 43 Prozent sinken.

Alter als Armutsrisiko

Quintessenz dieser Hiobsbotschaften: Bei der Altersvorsorge sind noch größere Anstrengungen als bisher
notwendig, damit das Alter nicht zum Armutsrisiko wird.
Das gilt insbesondere für die zwischen 1960 und 1970 Ge-
borenen, die von den Rentenreformen besonders betroffen
sind. Denn den 40- bis 50-Jährigen bleibt einfach nicht
mehr genügend Zeit, um die Kürzungen mit vergleichsweise geringen Sparleistungen in den noch verbleibenden
Jahren bis zum Rentenbeginn auszugleichen. Sie müssen
daher Jahr für Jahr mindestens zehn Prozent ihres Einkommens auf die hohe Kante legen, um sämtliche Einschnitte
bei der Rente vom Staat aufzufangen.

Um das notwendige Gleichgewicht zwischen erforderlicher
Vorsorge und finanziell tragbaren Sparraten zu finden,
sollten Vorsorgesparer grundsätzlich alle Fördermöglichkeiten nutzen, die ihnen der Staat bietet. Dazu gehört die
Riester-Rente ebenso wie die betriebliche Altersversorgung und die Rürup-Rente.

Darüber hinaus wird die Wahl der richtigen Altersvorsorge-
form auch durch die Mitte 2004 beschlossene Zusam-
menlegung von Arbeitslosen- und Sozialhilfe (Hartz IV)
erheblich beeinflusst. Denn wer seither länger als ein- bis
anderthalb Jahre arbeitslos ist, hat nur noch dann Anspruch auf Unterstützung vom Staat, wenn er »bedürftig«
ist. Das bedeutet: Vorhandenes Vermögen muss bis auf
geringe Freibeträge zum Lebensunterhalt aufgebraucht
werden, bevor es staatliche Unterstützung gibt. Da ist es

Vorsorgevermögen
bei Arbeitslosigkeit
geschützt

gut zu wissen, dass gefördertes Vorsorgevermögen, wie
die Riester- und Rürup-Rente oder die betriebliche Altersversorgung, bei der Bedürftigkeitsprüfung nicht mit angerechnet wird.

So stellen Sie die richtigen Weichen

Private Altersvorsorge gibt es nicht von der Stange. Sie muss vielmehr auf die persönlichen Verhältnisse zugeschnitten werden und sich flexibel auch veränderten Lebensumständen anpassen lassen. Die Größe der Familie, die Anzahl und der weitere Werdegang der Kinder sowie die Einkommensentwicklung bestimmen maßgeblich, wie viel Geld überhaupt für die Vermögensbildung bleibt und wie viel angespart werden muss, um den erreichten Lebensstandard im Alter zu sichern. Theoretisch lässt sich die Vorsorgestrategie anhand dieser Eckdaten auf Jahre hinaus festlegen. In der Realität erfordern familiäre oder berufliche Veränderungen jedoch immer wieder ein Umdenken. Heirat, Kinder, Hausbau, Scheidung oder Zeiten von Arbeitslosigkeit – solche Einschnitte verändern die Anlageziele oder zumindest die finanziellen Ressourcen. Darüber hinaus gilt es, flexibel zu bleiben, um eventuell Zeiten mit niedrigem Einkommen vor Rentenbeginn zu überbrücken.

Flexible Vorsorgestrategie

Mit der einmaligen Entscheidung für ein Vorsorgeprodukt ist es daher nicht getan: Altersvorsorge ist eine Lebensaufgabe! Wer sich nach Abschluss des ersten Vertrags einfach bequem zurücklehnt, weil er sein Versorgungsproblem für gelöst hält, läuft Gefahr, dass er seine Zusatzrente letztlich zu knapp kalkuliert. Denn nicht nur bei der gesetzlichen Rente sind weitere Kürzungen nicht ausgeschlossen. Auch bei der privaten oder betrieblichen Zusatzrente wird meist nur eine Mindestleistung garantiert. Die von den Anbietern in Aussicht gestellte »prognostizierte Rente« ist dagegen höchst ungewiss; nicht selten wird sie von diesen sogar wissentlich schöngerechnet. Aber auch die allgemeine Preisentwicklung zählt zu den Unsicherheitsfaktoren, die maßgeblich mitbestimmen, wie hoch das Alterseinkommen letztlich ausfällt und was der Euro dann noch

Laufende Überprüfung der Sparziele

wert ist. Deshalb gilt es, die Versorgungssituation immer wieder zu überprüfen, die Bausteine gegebenenfalls neu zu gewichten und auch das Sparverhalten entsprechend anzupassen.

Doch Vorsicht: Bevor die Altersvorsorge aufgebaut wird, müssen erst einmal die grundlegenden existenziellen Risiken abgesichert sein! Unvorhersehbare Schicksalsschläge können nicht nur die Gegenwart, sondern auch die finanzielle Zukunft schnell gefährden. Berufsanfängern bleibt beispielsweise selten viel Geld zum Vorsorgesparen. Umso dringender ist es für sie, erst einmal ihr wichtigstes Kapital abzusichern: die eigene Arbeitskraft. Die Staatskasse zahlt bei Erwerbsunfähigkeit in den ersten fünf Jahren bestenfalls eine Minirente – sofern überhaupt schon Ansprüche bestehen. Der Abschluss einer privaten Berufsunfähigkeitsversicherung, die im Ernstfall eine Monatsrente zahlt, ist daher unverzichtbar.

Risiko der Berufsunfähigkeit

[ ] **Tipp:** Höhe und Laufzeit der Berufsunfähigkeitsrente sind frei vereinbar. Als Faustregel für die Kalkulation gilt: Die Monatsrente sollte nicht nur ausreichen, um die Lebenshaltungskosten zu decken. Auch für den Aufbau der Altersvorsorge muss noch etwas übrig bleiben. Sonst führt Invalidität geradewegs zur Altersarmut. Unabhängigen Rat hierzu gibt es bei allen Verbraucherzentralen (⟶ Adressen Seite 115).

Für junge Familien liegt das größte Risiko in der Gefahr, dass der Hauptverdiener ausfällt – sei es durch Krankheit oder Tod. Vor den finanziellen Folgen einer solchen Katastrophe schützt am besten eine Risikolebensversicherung, wobei die Versicherungssumme auf die persönlichen Verhältnisse maßgeschneidert werden muss. Weil solche Verträge allein das Todesfallrisiko abdecken, beträgt die Prämie meist nur ein Zehntel der Kosten einer Kapitallebensversicherung. Das ermöglicht den Abschluss ausreichend hoher Versicherungssummen, ohne gleich das Haushaltsbudget zu sprengen.

> **[ ]** **Tipp:** Die Risiko-Police lässt sich meist kostengünstig mit einer Berufsunfähigkeits-Zusatzversicherung kombinieren. Solche Paketangebote sind oft deutlich billiger als der Abschluss von zwei separaten Verträgen!

Zum Sparen bleibt jungen Familien meist nur wenig. Gerade für sie lohnt es sich daher besonders, staatliche und etwaige betriebliche Förderungen voll auszuschöpfen. Aber auch für gut Verdienende zahlt sich die steuerliche Förderung der Altersvorsorge aus. Bevor verunsicherte Sparer wahllos zugreifen, sollten sie die Angebote aber erst einmal in aller Ruhe prüfen. Welche Anlageformen infrage kommen, richtet sich vor allem nach der persönlichen Vermögenslage des Sparers und dem Maß an Risiko, das er bei der Kapitalanlage verkraften kann. Dabei gilt: Je größer der finanzielle Spielraum, desto geringer der Sicherheitsbedarf – und umgekehrt. Darüber hinaus spielen auch steuerliche Überlegungen eine wichtige Rolle. Mit der Neuregelung durch das Alterseinkünftegesetz seit 2005 müssen Vorsorgesparer prüfen, was für sie wichtiger ist: Wird vor allem die steuerliche Förderung in der Ansparphase benötigt, weil sie hilft, die finanzielle Belastung für den Aufbau der Zusatzrente zu schultern? Oder ist eine niedrige Steuerbelastung im Ruhestand wichtiger, weil man zum Beispiel zur Erbengeneration zählt oder andere hohe steuerpflichtige Einkünfte im Alter haben wird, sodass die Steuerlast im Ruhestand keinesfalls sinkt?

Staatliche Förderung ausschöpfen

Auch die persönliche Risikomentalität und bereits vorhandenes Vermögen spielen eine Rolle. Wer schon für das Alter vorsorgt, weil er beispielsweise sein Eigenheim zügig entschuldet oder eine kleine Lebensversicherung besitzt, kann durchaus etwas mehr Anlagerisiko wagen und zu-

Anlagerisiken kalkulieren

mindest einen Teil der weiteren Vorsorge mit riskanteren Anlageformen wie Aktienfonds aufbauen. Wer dagegen auf die Ergänzung der gesetzlichen Altersversorgung existenziell angewiesen ist, beispielsweise weil die Rente vom Staat wegen fehlender Beitragsjahre oder geringem Einkommen ohnehin mager ausfallen wird, kann sich keine Experimente erlauben. Für ihn eignen sich ausschließlich sichere Anlagen wie Banksparpläne oder Sparverträge mit festverzinslichen Wertpapieren – auch wenn die Ertragschancen bei absolut sicheren »Sorglos-Produkten« zweifelsohne nicht berauschend sind.

Zeitfenster bis Rentenbeginn bestimmt Strategie

Bei der Vorsorgeplanung spielt aber auch die Zeit eine Rolle, die noch bis zum Rentenbeginn bleibt. Denn je früher man mit dem Sparen beginnt, desto geringer ist der Vorsorgeaufwand. Beispiel: Wer mit 30 Jahren anfängt, monatlich 50 Euro anzulegen und dabei eine Rendite von vier Prozent erzielt, hat mit 65 Jahren knapp 45.100 Euro auf dem Konto. Dafür sorgt allein der Zinseszinseffekt, der dem Sparkapital im Laufe der Jahre wachsende Eigendynamik verleiht. Wer erst mit 45 beginnt, muss sich dagegen – bei gleicher Sparrate und gleichem Zins – mit knapp 18.250 Euro begnügen. Oder er muss tiefer in die Tasche greifen und mindestens 123,50 Euro im Monat auf die hohe Kante legen, um vom gleichen Vermögen zehren zu können wie derjenige, der früher mit dem Sparen begonnen hat.

Jüngere Sparer können ihre Altersvorsorge zudem auch eher mit renditestarken, aber auch entsprechend riskanten Anlageformen aufbauen. Denn über einen Zeitraum von 20 bis 30 Jahren ist die Chance groß, mit Aktien oder Aktienfonds im Schnitt bessere Erträge erzielen zu können als mit anderen Anlagevarianten. Je näher der Rentenbeginn rückt, desto mehr Vermögen sollte jedoch in sicheren Anlagen geparkt sein. Deshalb ist es wichtig, rechtzeitig Kapital umzuschichten, von vornherein auf Risikostreuung zu achten und die Vorsorgegelder auf mehrere Anlageformen zu verteilen.

Die optimale Altersversorgung sollte dabei auf drei verschiedenen Säulen stehen – der gesetzlichen Rente, der betrieblichen Altersvorsorge und der Privatvorsorge. Grund genug für alle, vor Abschluss eines privaten oder betrieblichen Vertrages erst einmal eine persönliche Bestandsaufnahme zu machen. Denn jede Altersvorsorgestrategie ist so gut wie das Fundament, auf dem sie steht. Klären Sie deshalb Ihren finanziellen Bedarf im Alter, bereits vorhandene Absicherungen und Ihre heutigen finanziellen Möglichkeiten, bevor Sie einen Vertrag unterschreiben! Denn nur wer den Überblick behält und den eigenen Bedarf kennt, kann gezielt jene Produkte auswählen, die zu den individuellen Wünschen und zum eigenen Budget passen. Darüber hinaus gilt: Vorsorgesparen dauert ein Berufsleben lang und niemand weiß, was die Zukunft bringt. Bleiben Sie deshalb flexibel und prüfen Sie jedes Angebot sorgfältig. Denn Fehler bei der Altersvorsorge kommen teuer zu stehen – vor allem bei langfristig unkündbaren Verträgen.

Bestandsaufnahme von Bedarf und Produkten

Fünf Grundregeln für die Altersvorsorge

- **Sparen Sie niemals auf Kredit.** Bevor jemand anfängt für das Alter zu sparen, sollten alle Schulden zurückgezahlt sein. Denn Kredite kosten im Normalfall immer mehr Zinsen, als die Geldanlage an Rendite bringt. Schuldenabbau geht daher vor Altersvorsorge.
- **Bleiben Sie liquide!** Für Notfälle muss eine Rücklage her. Schon ein kaputtes Auto oder eine defekte Waschmaschine können die ganze Finanzplanung über den Haufen werfen, wenn zur Finanzierung das Konto überzogen werden muss. Bevor Geld auf das Vorsorgekonto

fließt, sollten deshalb ein bis drei Nettogehälter auf einem Sparbuch mit Zinsbonus oder einem gut verzinsten Tagesgeldkonto geparkt werden.

- **Risikoabsicherung geht vor.** Vor dem Alter müssen erst einmal die Risiken von Gegenwart und naher Zukunft abgesichert werden. Denn der Grundstock für das Alter lässt sich nicht aufbauen, wenn beispielsweise Krankheit, Erwerbsunfähigkeit, Verlust von Hab und Gut oder Tod des Hauptverdieners zum finanziellen Absturz führen.

- **Bleiben Sie flexibel.** Vorsorgesparen dauert ein Berufsleben lang. Doch niemand weiß, was die Zukunft bringt. Schließen Sie daher nur Verträge ab, die sich problemlos an veränderte Lebensumstände anpassen lassen.

- **Beteiligen Sie Staat und Arbeitgeber am Vermögensaufbau.** Gemessen am Kapitaleinsatz bringen Gehaltsumwandlungen zugunsten einer Betriebsrente oft mehr Rendite, als sich mit privater Vorsorge erzielen lässt. Aber auch die Riester-Rente hebelt die Rendite auf den Eigenbetrag mit Zulagen und Steuervorteilen kräftig nach oben – vor allem für junge Familien.

2

So funktioniert die Riester-Rente

Ohne Privatvorsorge wird es nichts mehr mit einem Ruhestand ohne finanzielle Sorgen. Längst ist sicher, dass
die Rente aus der Staatskasse allenfalls noch für das
Existenzminimum im Alter reicht. Zum Ausgleich der dro-
henden Versorgungslücke fördert der Staat daher den
Aufbau einer kapitalgedeckten privaten oder betrieblichen
Zusatzversorgung. So sieht es jedenfalls das Mitte Mai
2001 verabschiedete Altersvermögensgesetz (AVmG) vor.

**Anreize fürs Vorsorge-
sparen**
Diese Eigenvorsorge ist jedoch freiwillig. Mit staatlichen
Fördermitteln will der Gesetzgeber verstärkten Anreiz
zum Vorsorgesparen bieten. Der Umfang der Förderung
ist allerdings begrenzt. Mit der nach ihrem Schöpfer,
dem früheren Arbeitsminister Walter Riester, benannten
»Riester-Rente« können Vorsorgesparer lediglich jene
Lücken schließen, die mit der Rentenreform 2001 entstan-
den sind. Wer darüber hinaus vorsorgen will, kann auf
die betriebliche Altersversorgung (⟶ Seite 74) setzen oder
einen ergänzenden Vertrag für eine ungeförderte private
Altersvorsorge abschließen. Bisweilen – insbesondere bei
betuchten Sparern im Vorruhestandsalter – macht auch
die Rürup-Rente Sinn.

Besser als ihr Ruf: die Förderung

**Zulagen und Steuer-
vorteile**
Der Staat fördert den Aufbau einer privaten Zusatzrente
seit 2002 mit Zulagen und Steuervorteilen. In den Genuss
dieser Förderung können alle kommen, die von der Kürzung bei der gesetzlichen Rente und der Beamtenpension
betroffen sind. In erster Linie also Arbeitnehmer, aber
auch Beamte und Angestellte im öffentlichen Dienst (Ein-
zelheiten ⟶ Seite 27). Wie viel Förderung man erhält, hängt
vor allem vom Familienstand ab: Singles erhalten seit
2008 eine Grundzulage von maximal 154 Euro pro Jahr.
Für Ehepaare gibt es das Doppelte – vorausgesetzt, beide
Partner schließen jeweils einen eigenen Vertrag ab. Gehört

Nachwuchs zum Haushalt, gibt es zusätzlich für jedes kin-
dergeldberechtigte Kind eine Kinderzulage von 185 Euro,
für ab 2008 geborene Kinder sind es sogar 300 Euro. Auch
Berufseinsteiger fördert der Staat besonders: Seit 2008
erhalten alle, die mit dem Riester-Vertrag noch vor dem
25. Geburtstag beginnen, einen »Berufseinsteiger-Bonus«
von einmalig 200 Euro. Der Bonus wird zudem nicht auf
den Sonderausgaben-Höchstbetrag von 2.100 Euro angerechnet. Das bedeutet: Wenn der Fiskus prüft, ob dem Sparer neben der Zulage noch eine Steuererstattung zusteht,
zählen die 200 Euro Bonus nicht mit.

**Bonus für Berufs-
einsteiger**

Wer bekommt die Kinderzulagen?

Die Kinderzulagen werden bei zusammenlebenden Ehepaaren
grundsätzlich dem Vertrag der Mutter gutgeschrieben. Alternativ können sie auch auf das Konto des Vaters fließen, aber nur,
wenn die Eltern einen gemeinsamen Antrag gestellt haben. Das
sollten sich Frauen generell gründlich überlegen. Denn je mehr
Geld auf ihren eigenen Vertrag fließt, desto höher ist später
ihre eigene Zusatzrente. Und die fließt nicht nur ein Leben lang,
sondern die Rente aus dem Riester-Vertrag wird darüber hinaus
später auch nicht auf die Witwenrente angerechnet. Insoweit
erhalten Frauen hier eine echte Zusatzabsicherung, die – vor
allem angesichts niedrigerer Hinterbliebenenrenten für Paare
unter 40 – eigentlich nicht hoch genug ausfallen kann.

Leben die Eltern getrennt, ist die Regelung dagegen einfach:
Wer das Kindergeld bekommt, erhält automatisch auch die
Kinderzulage.

Die Förderquelle sprudelt aber nur, wenn Vorsorgesparer
gleichzeitig aus eigener Tasche Beiträge zahlen. Den vollen
Zuschuss spendiert der Staat nur Sparern, die vier Prozent ihres
Bruttoeinkommens vom Vorjahr in einen förderfähigen Vorsorgevertrag einzahlen.

Den Vorsorgeaufwand müssen Riester-Sparer jedoch nicht allein bestreiten. Die staatlichen Zulagen werden auf die notwendige Sparleistung angerechnet. Grund- und Kinderzulagen verringern daher den Eigenanteil am Vorsorgeaufwand. Denn es gilt:

- Eigenanteil = Mindesteigenbeitrag minus Zulagen

Beispiel

Ein alleinstehender Arbeitnehmer mit einem zwölfjährigen Sohn und 40.000 Euro Bruttojahreseinkommen im Jahr 2008 muss in 2009 exakt 1.600 Euro in seinen Vorsorgevertrag einzahlen. Das ist die erforderliche Sparleistung, um in den Genuss der höchstmöglichen Förderung zu kommen. Da ihm der Staat in diesem Fall aber für 2009 insgesamt 154 Euro Grundzulage plus 185 Euro für das Kind, also zusammen 339 Euro an Zulagen spendiert, verringert sich sein Eigenanteil auf 1.261 Euro. Das ist der Betrag, den er aus seinem Nettoeinkommen in diesem Jahr in den Vertrag einzahlen muss. So wird gerechnet:

Berechnung des Eigenbeitrags am Beispiel eines alleinstehenden Arbeitnehmers mit einem Kind		
Maßgebliches Bruttoeinkommen (aus 2008)	40.000 €	
Erforderlicher Vorsorgeaufwand 2009 (Mindesteigenbeitrag für volle Zulagen)	4 % davon	1.600 €
Abzüglich: Grundzulage Kinderzulage		− 154 € − 185 €
Eigenanteil		= 1.261 €

Wichtig: Wer weniger als den geforderten Mindesteigenbeitrag spart, kommt zwar auch in den Genuss der Riester-Förderung. Aber die Zulagen werden anteilig gekürzt – und das gilt sowohl für die Grund- als auch für die Kinderzulage. Fließt beispielsweise nur die Hälfte aus eigenen Mitteln in den Vertrag, halbieren sich Grund- und Kinderzulage ebenfalls.

> **⋮ Beispiel**
>
> Angenommen, der zuvor genannte alleinstehende Arbeitnehmer mit einem Kind zahlt lediglich 800 Euro aus eigenen Mitteln in den Vertrag ein. In diesem Fall hat er den erforderlichen Eigenbeitrag von 1.261 Euro nur zu 63,44 Prozent (800/1.261 × 100 = 63,44) erfüllt. Deshalb werden ihm auch Grund- und Kinderzulage in Höhe von 154 bzw. 185 Euro nur zu 63,44 Prozent ausgezahlt. Das sind umgerechnet 97,70 Euro Grund- plus 117,36 Euro Kinderzulage. Macht insgesamt 215,06 Euro Förderung.

Von der Zulagenförderung profitieren vor allem Arbeitnehmer mit niedrigem Einkommen und mehreren Kindern. Sie erwerben bereits mit geringem Eigenaufwand Anspruch auf staatliche Förderung.

Für Besserverdiener gibt es dagegen zusätzlich geldwerte Steuervorteile: Sie können ihren gesamten Vorsorgeaufwand (also den Eigenanteil plus Zulagen) bis zum jeweils förderfähigen Höchstbetrag (seit 2008 sind das 2.100 Euro) als Sonderausgaben von ihrem zu versteuernden Einkommen abziehen. Ähnlich wie beim Kindergeld prüft das Finanzamt automatisch, was günstiger ist: Zulage oder Sonderausgabenabzug. Ist der Steuerfreibetrag attraktiver, wird die über die Zulagen hinausgehende Steuerersparnis vom Finanzamt erstattet.

Steuervorteile nutzen

Auf diese Weise werden die Sparbeiträge zur Riester-Rente letztlich komplett steuerfrei gestellt. Das macht die Riester-Rente attraktiv. Bei ungeförderten Vorsorge-Sparformen muss das Einkommen dagegen erst versteuert werden, bevor es für den Vermögensaufbau zur Verfügung steht. Außerdem können bei Riester-Sparplänen auch die in der Ansparphase erzielten Kapitalerträge komplett steuerfrei vereinnahmt werden. Das gilt übrigens auch, wenn Sparer über die Förderhöchstbeträge hinaus sparen oder gar nicht förderfähig sind. Der Fiskus greift immer erst im Alter zu. Dann ist die aus geförderten Beiträgen angesparte Rente voll steuerpflichtig. Sofern ungeförderte Beträge eingezahlt wurden, müssen jedoch nur die ausgeschütteten Erträge versteuert werden. Dabei werden alle Riester-Verträge wie Lebensversicherungen behandelt. Sofern der Vertrag zwölf Jahre besteht und der Sparer bei Fälligkeit über 60 ist, muss nur die Hälfte der Differenz zwischen der Auszahl- und Beitragssumme mit dem persönlichen Steuersatz versteuert werden. Entscheidet sich der Sparer eines ungeförderten Vertrags am Ende der Ansparphase für eine lebenslange Rentenzahlung, zählt nur der sogenannte Ertragsanteil zum steuerpflichtigen Einkommen. Und der ist gering. Startet die Rente zum Beispiel mit 65 Jahren, sind nur 18 Prozent der Monatsrente steuerpflichtig.

Geförderte Rente steuerpflichtig

So viel können Sie steuerlich absetzen	
Zeitraum	maximal steuerlich absetzbar*)
bis 2007	1.575 €
seit 2008	2.100 €
*) geleistete Eigenbeiträge plus Zulagen je Vorsorgesparer	

Wichtig: Der Fiskus prüft immer erst im Nachhinein, ob die gezahlten Eigenbeiträge über die Zulagen hinaus steuerfrei gestellt werden. Etwaige Steuererstattungen werden zudem niemals direkt auf den Vorsorgevertrag überwiesen, sondern auf das private Girokonto des Sparers. Wer dieses Geld zusätzlich in seinen Riester-Vertrag stecken will, muss daher selbst aktiv werden und den Steuererstattungsbetrag als Sonderzahlung auf den Vertrag überweisen. Doch Vorsicht: Das kostet – sofern es überhaupt möglich ist – bei privaten Anbietern oft zusätzliche Gebühren!

Sonderregelung für Geringverdiener und Kinderreiche

Bisweilen ist das Gehalt so niedrig oder die Summe der Zulagen – beispielsweise bei kinderreichen Familien – ist so hoch, dass daraus die gesamte Mindestsparleistung bestritten werden könnte.

> **⋮ Beispiel**
>
> Eine halbtags beschäftigte Angestellte mit zwei Kindern erzielt in 2009 ein Bruttoeinkommen von 12.800 Euro. Um die volle Förderung zu erhalten, muss sie vier Prozent des Gehalts oder umgerechnet 512 Euro Mindesteigenbeitrag zahlen. Da sie aber Anspruch auf eine Grundzulage von 154 Euro und zwei Kinderzulagen von je 185 Euro hat, fließen bereits 524 Euro in den Vertrag. Theoretisch wäre die Mindestsparleistung daher bereits durch die Zulagen erbracht.

In solchen Fällen greift jedoch eine Sonderregelung: Neben den Zulagen muss der jeweilige Vorsorgesparer noch einen geringen Sockelbetrag aus eigener Tasche in den Vertrag einzahlen. Dieser Sockelbetrag beträgt seit 2005 einheitlich 60 Euro pro Jahr.

Sockelbeitrag			
Zeitraum	So viel müssen Sie mindestens einzahlen*)		
	kein Kind	1 Kind	2 Kinder und mehr
bis 2004	45 €	38 €	30 €
seit 2005	60 €	60 €	60 €
*) gilt nicht für erwerbslose Hausfrauen			

Steuerlich sind Eigenbeiträge durchaus vorteilhaft. Denn wenn beide Ehepartner berufstätig sind und je einen eigenen Riester-Vertrag besparen, können auch beide ihre Vorsorgeaufwendungen als Sonderausgaben absetzen. Ehepaare haben in diesem Fall also die Möglichkeit, jeder für sich einen eigenen Steuerfreibetrag geltend zu machen.

Riester-Rente zum Nulltarif

Ein knappes Budget kann nicht als Ausrede gelten, um auf freiwillige Zusatzvorsorge zu verzichten. Denn sogar ein nicht berufstätiger Ehepartner kann allein mit staatlichen Zuschüssen eine eigene »Riester-Rente« aufbauen – und zwar ohne selbst einen Cent dafür zu zahlen. Einzige Bedingung: Beide Eheleute schließen jeweils einen eigenen Riester-Vertrag ab. Dann muss nur der berufstätige Partner seinen Vertrag mit eigenen Mitteln besparen. Der andere füllt seinen Vertrag allein mit staatlicher Förderung – einschließlich der Kinderzulage, die üblicherweise dem Konto der Frau gutgeschrieben wird.

Förderung nicht berufstätiger Ehepartner

Das kann durchaus lukrativ sein: Eine Ehefrau mit zwei Kindern bekommt pro Jahr insgesamt 524 Euro staatlichen Zuschuss, solange die Kinder förderfähig sind. Danach gibt es immerhin noch 154 Euro Grundzulage. Doch auch der berufstätige Ehepartner profitiert: Er kann den Beitrag für seinen eigenen Riester-Vertrag um die Zulagen für beide Verträge mindern. Er zieht von seinem – je nach Einkommen – erforderlichen Mindestaufwand also nicht nur die eigene Grundzulage ab, sondern auch die Zulagen, die auf den Vertrag der Ehefrau fließen. Dennoch kommt er in den Genuss der vollen Förderung.

Wichtig: Diese Regelung gilt allerdings nicht für Kindererziehende während der Elternzeit. Weil sie während der dreijährigen Kindererziehungszeit, die für die spätere Rente angerechnet wird, als rentenversicherungspflichtig gelten, müssen sie – auch wenn sie in dieser Zeit nicht arbeiten – zumindest den Sockelbeitrag von 60 Euro aus eigenen Mitteln auf den Riester-Vertrag überweisen.

Klarer Rechtsrahmen: die Förderregeln

Die Riester-Rente ist grundsätzlich für alle konzipiert, die von der Kürzung bei der Staatsrente oder der Beamtenpension betroffen sind. Anspruch auf Förderung haben deshalb:

- alle rentenversicherungspflichtigen Arbeitnehmer, darunter auch »Grenzgänger«, die in Deutschland wohnen, aber im benachbarten EU-Ausland arbeiten und in der dortigen gesetzlichen Rentenversicherung pflichtversichert sind,
- Beamte und Richter,
- Arbeitnehmer im öffentlichen Dienst,
- versicherungspflichtige Selbstständige,
- Kindererziehende während der dreijährigen Elternzeit,
- Wehr- und Zivildienstleistende sowie Berufssoldaten,
- 400-Euro-Kräfte, die auf Rentenversicherungsfreiheit verzichtet haben,
- Arbeitslose, sofern sie Arbeitslosengeld oder Arbeitslosengeld II erhalten. Auch wer wegen des zu berücksichtigenden Vermögens keine Lohnersatzleistung mehr bekommt, aber weiterhin arbeitslos gemeldet ist und zur Vermittlung zur Verfügung steht, hat Anspruch auf Förderung.
- Bezieher von Kranken- oder Vorruhestandsgeld,
- Behinderte in anerkannten Werkstätten,
- nicht erwerbsmäßige Pflegepersonen, die einen anerkannt Pflegebedürftigen wenigstens 14 Stunden wöchentlich in seiner häuslichen Umgebung pflegen,
- Beschäftigte von Körperschaften oder Anstalten des öffentlichen Rechts oder geistlicher Genossenschaften

und Diakonien, die auf Antrag von der Versicherungs-
pflicht befreit wurden,
■ Bezieher einer staatlichen Rente wegen voller Erwerbs-
.minderung.

Mitglieder einer berufsständischen Versorgungseinrichtung (wie Rechtsanwälte oder Ärzte) sind von der Förderung dagegen ausgeschlossen. Das Gleiche gilt für nicht
pflichtversicherte Selbstständige oder freiwillig Versicherte in der gesetzlichen Rentenversicherung. Über den

Ehegattenförderung   Umweg der Ehegattenförderung können aber auch sie in
den Genuss der Riester-Rente kommen: Denn wenn beide
Partner jeweils einen separaten Vertrag abschließen, kann
der nicht Förderfähige ebenfalls auf Antrag Zulagen bekommen – ganz gleich, welchen Beruf er ausübt.

Wichtig: Gehört der Ehepartner nicht zum förderberechtig-
ten Personenkreis, kann er dank Ehegattenförderung zwar
Zulagen bekommen. Der steuerliche Sonderausgabenabzug seiner Beiträge und Zulagen (⋯⋙ Seite 23) bleibt ihm
allerdings verwehrt! Das Ehepaar kann also nur den Steuerfreibetrag für den Vertrag des förderfähigen Partners
geltend machen. Sofern dieser seinen Freibetrag nicht voll
ausschöpft, können die Beiträge des nicht selbst förder-
berechtigten Partners steuerlich jedoch bis zu seinem
vollen Freibetrag (das sind seit 2008 maximal 2.100 Euro)
angerechnet werden.

Was wird gefördert?

Förderfähig waren zunächst ausschließlich Anlageformen,
die im Alter eine steigende oder zumindest gleichbleibende, lebenslange Monatsrente garantierten und so die gesetzliche Rente oder Beamtenpension aufbessern helfen:
private Rentenversicherungen, Fonds- oder Banksparpläne

mit Auszahlplan, aber auch betriebliche Angebote wie Direktversicherungen, Pensionskassen und Pensionsfonds. Seit 2008 sind auch Bausparverträge und Riester-Darlehen hinzugekommen, mit denen Vorsorgewillige sich eine »Eigenheimrente« erwirtschaften.

Bausparverträge und Riester-Darlehen

Darüber hinaus müssen förderfähige Vorsorgeprodukte – aus Sicherheitsgründen und zum Schutz der Sparer – strenge Auflagen erfüllen.

Alle Anbieter – betrieblich wie privat – müssen:
- garantieren, dass zu Rentenbeginn mindestens die eingezahlten Beiträge und Zulagen zur Verfügung stehen;
- gewährleisten, dass die Auszahlungen erst mit Beginn der Altersrente, aber auf keinen Fall vor dem 60. Lebensjahr erfolgen;
- zusichern, dass ausschließlich lebenslange Leistungen fließen, etwa in Form einer Leibrente oder eines Auszahlplans, bei dem auch Methusalems durch eine Restrentenversicherung ab dem 85. Lebensjahr abgesichert sind. Allerdings ist eine Einmalauszahlung bzw. sind variable Teilraten bis zu insgesamt 30 Prozent des angesparten Kapitals zulässig. Außerdem können auch Kleinbetragsrenten durch einmalige Kapitalauszahlung abgefunden werden. Als Kleinbetragsrenten gelten Monatsrenten, die ein Prozent der monatlichen Bezugsgröße nach § 18 SGB IV nicht überschreiten: Das entspricht im Jahr 2009 einem monatlichen Rentenbetrag von 25,20 Euro;
- dafür sorgen, dass das Vertragsguthaben vor Abtretung und Pfändung sowie Anrechnung in der Arbeitslosen- und Sozialhilfe geschützt ist;
- bei Riester-Darlehen oder Bausparverträgen zudem vereinbaren, dass der Kredit für die Eigenheimrente spätestens bis zur Vollendung des 68. Lebensjahrs zurückgezahlt ist.

Anbieter von privaten Riester-Verträgen müssen zusätzlich Informationen zur Verbrauchersicherheit geben. Denn nur auf dieser Basis können sich Vorsorgesparer vor unseriösen oder überteuerten Angeboten schützen. Deshalb müssen sie zusätzlich:

■ alle Abschluss- und Vertriebskosten über einen Zeitraum von mindestens fünf Jahren verteilen,
■ Vorsorgesparern das Recht einräumen, den Vertrag ruhen zu lassen oder mit Drei-Monats-Frist zum Quartalsende zu kündigen, beispielsweise um das Kapital auf einen anderen Altersvorsorgevertrag zu übertragen oder um Mittel zum Wohnungsbau zu entnehmen.

Informationspflicht zu Anlageprodukten

Darüber hinaus müssen private Anbieter ihre Kunden schon vor Vertragsabschluss ausführlich informieren und Angaben über die Anlagemöglichkeiten, die Struktur der Anlagen und das damit verbundene Risikopotenzial machen. Dabei ist auch auszuführen, ob und in welchem Maß ethische, soziale und ökologische Belange bei der Kapitalanlage eine Rolle spielen. Zudem sind detaillierte Angaben über die Höhe und zeitliche Verteilung sämtlicher Abschluss-, Verwaltungs- sowie sonstiger Produktkosten zu liefern. Darüber hinaus sind alle Vertragskosten bereits vor Abschluss in Euro und Cent auszuweisen.

Bei Riester-Darlehen ist außerdem der Effektivzins für die Finanzierung anzugeben. Wird eine Sofortfinanzierung unter Einbindung eines Bausparvertrags angeboten, ist dabei der Effektivzins für das Gesamtangebot zu benennen.

Guthabenentwicklung aufzeigen

Um Kunden einen besseren Produktvergleich zu ermöglichen, müssen die Anbieter zudem in standardisierter Form vorrechnen, wie sich das Guthaben jährlich entwickelt und wie viel Kapital nach Ablauf von zehn Jahren und zum Ende der Ansparphase jeweils vor und nach Abzug etwaiger Wechselkosten zur Verfügung steht. Das gebildete Guthaben und die Sparbeiträge sind dabei jeweils mit einem von

drei alternativen Zinssätzen (zwei, vier und sechs Prozent)
zu verzinsen, um verschiedene Marktentwicklungen auf-
zuzeigen und gleichzeitig zu veranschaulichen, welchen
Einfluss die zeitliche Verteilung der Kosten auf die Rendite
des Vertrags hat. Denn auch wenn zwei Anbieter gleich
hohe Kosten ausweisen, kann die Gesamtkostenbelastung
der Verträge voneinander abweichen. Grundsätzlich gilt:
Die Belastung steigt, je früher ein Vertrag mit den Kosten
belastet wird – und umgekehrt.

Es können zudem nur noch Verträge abgeschlossen werden, bei denen Männer und Frauen für den gleichen Bei-
trag auch eine gleich hohe Rentenleistung erhalten. Diese   Unisex-Tarife
sogenannten Unisex-Tarife sind für Neuabschlüsse seit
2006 vorgeschrieben; Altverträge müssen nicht umgestellt
werden. Wenn beide Vertragspartner dies jedoch freiwillig
vereinbaren, ist eine Umstellung aber möglich. Das lohnt
sich jedoch nur für Frauen, die von Unisex-Tarifen profitieren. Für Männer haben sich die Verträge durch deren
Einführung dagegen verteuert. Sie stehen sich daher mit
einer ungeförderten Vorsorge oder einer betrieblichen
Altersvorsorge bisweilen besser.

Ob Anbieter die genannten Vorschriften zum Verbraucher-
schutz einhalten, prüft bei Privatverträgen die Bundesanstalt für Finanzdienstleistungsaufsicht (BaFin). Nur dann
werden die Produkte auch zertifiziert. Anhand der Zertifi-
zierungsnummer ist daher für jeden sofort erkennbar, ob
die Anlage förderfähig ist oder nicht.

Vorsicht: Das Zertifikat sagt jedoch nichts über die Qualität
oder die Rentabilität des Angebots aus! Wer einen privaten
Vorsorgevertrag abschließen will, kommt deshalb nicht
umhin, einschlägige Produktvergleiche – beispielsweise
von der Stiftung Warentest oder den Verbraucherzentralen
(Adressen ⸱⸱⸱⸱▸ Seite 115) – sorgfältig zu studieren.

Gar nicht kompliziert – die Abwicklung

Dauerzulagenantrag

Ohne Aufwand läuft auch bei der Riester-Rente nichts: Doch seit 2005 reicht ein einmaliger »Dauerzulagenantrag«, der gleich bei Vertragsabschluss mit ausgefüllt werden kann, um sich die Zuschüsse von Vater Staat dauerhaft zu sichern. Den größten Teil der lästigen Arbeit erledigen ohnehin die Anbieter, die die Vorsorgeverträge verwalten. Sie sind auch für die Abwicklung mit der Zentralen Zulagenstelle für Altersvermögen (ZfA) bei der Deutschen Rentenversicherung Bund, dem Vorsorgesparer und dem Finanzamt zuständig.

Daher sind bei Privatverträgen das Geldinstitut oder der Versicherer, bei dem der Vertrag abgeschlossen wurde, erste Ansprechpartner für den Sparer. Bei betrieblichen Vorsorgeverträgen müssen sich Arbeitnehmer direkt an die Personalabteilung im Betrieb oder – bei externer Durchführung – an den jeweiligen Versorgungsträger wenden.

Antrag auf Zulagen

Automatisierte
Zulagenprüfung

Sparer können – so sieht es das Alterseinkünftegesetz vor – gleich bei Vertragsabschluss oder bei Abgabe des jährlichen Zulagenantrags einen sogenannten Dauerzulagenantrag stellen. Damit ermächtigen sie den Anbieter ihres Vertrags, die jährlichen Zulagenanträge künftig in elektronischer Form automatisch für ihn zu stellen. Insbesondere die Zentrale Zulagenstelle wird auf diese Weise ermächtigt, die Einkünfte des Sparers jährlich beim Rentenversicherungsträger abzufragen. So kann die Förderhöhe automatisch überprüft und die Zulagen können anschließend auf den Vorsorgevertrag des Sparers überwiesen werden. Dieser Dauerzulagenantrag gilt bis auf Widerruf.

Die erforderlichen Daten für die Förderung müssen dann nur noch einmalig bei Antragstellung abfragt werden. Dazu gehören:

- die Vertragsdaten,
- die Sozialversicherungsnummer beider Ehepartner,
- das sozialversicherungspflichtige Einkommen des Vorsorgesparers und seines Ehepartners vom Vorjahr (um den erforderlichen Mindestbeitrag zu ermitteln),
- die Anzahl der kindergeldberechtigten Kinder.

Die Höhe der Einzahlungen in den Vertrag kann der Anbieter dann automatisch an die Zulagenstelle melden. Die Vorsorgesparer selbst müssen sich nur rühren, wenn sich ihre persönlichen Verhältnisse, die Einfluss auf die Förderhöhe haben, ändern. Das bedeutet: Sie müssen mitteilen, wenn die Familie beispielsweise noch Nachwuchs bekommen oder ein Kind seine Berufsausbildung beendet und sich damit die Anzahl der zulagenberechtigten Kinder geändert hat. Auch Eheschließungen oder Scheidungen müssen mitgeteilt werden.

Veränderungen persönlicher Verhältnisse anzeigen

Sonst läuft alles wie von selbst – mit einer Ausnahme: Ob die Eigenbeiträge für den Riester-Vertrag erhöht werden

Einverständniserklärung für Beamte

Beamte und Soldaten, die einen Riester-Vertrag abgeschlossen haben, erhalten die Riester-Förderung nur, wenn sie gegenüber ihrer Besoldungsdienststelle eine Einverständniserklärung zur Weitergabe ihrer Einkommensdaten an die Zentrale Zulagenstelle für Altersvermögen abgegeben haben. Hintergrund: Die Einkommensdaten von Beamten und Soldaten sind nicht bei den Rentenversicherungsträgern gespeichert. Die Einverständniserklärung muss spätestens bis Ende des zweiten Kalenderjahrs nach Vertragsabschluss abgegeben werden. Die Formblätter hierzu sind im Internet unter www.BZDt.bund.de (unter »Altersvorsorge«) erhältlich.

Optimale Besparung
prüfen

müssen, beispielsweise weil das Einkommen im Vorjahr gestiegen ist oder weil seit 2008 die höchste Riester-Stufe erreicht wurde und somit ab sofort vier statt bislang drei Prozent vom Bruttogehalt notwendig sind, um die volle Förderung zu erhalten, muss jeder für sich selbst ausrechnen – und seine Zahlungen entsprechend anpassen. Denn Hinweise für eine optimale Besparung des Vertrags liefern die wenigsten Anbieter.

[ ] **Tipp:** Verbraucher haben allerdings die Möglichkeit, bestehende Verträge bei den Verbraucherzentralen gegen geringes Entgelt daraufhin überprüfen zu lassen, ob sie zu viel oder zu wenig einzahlen, um die optimale Förderung zu erhalten. Nähere Informationen erhalten Sie bei Ihrer Verbraucherzentrale vor Ort (Adressen --> Seite 115).

Zum Ende jeden Jahres schicken die Anbieter ihren Vorsorgesparern einen Kontoauszug zu, der über den aktuellen Vertragsstand informiert. Darin finden Sparer Informationen über

- die Höhe der im abgelaufenen Jahr insgesamt geleisteten Vorsorgebeiträge,
- die Summe der Zulagen, die dem Vertrag im abgelaufenen Jahr gutgeschrieben wurden,
- die Summe der Eigenbeiträge, die bis zum Jahresende auf den Vertrag überwiesen wurden,
- den Stand des angesammelten Vorsorgevermögens.

Jährliche Förderanträge

Sofern Sparer keinen Dauerzulagenantrag gestellt haben, legen die Anbieter dem jährlichen Kontoauszug zudem einen Antrag auf Zulagenförderung bei. Der muss binnen Zweijahresfrist ausgefüllt und an den Anbieter zurückgeschickt werden. Dieser leitet den jährlichen Förderantrag an die ZfA weiter. Die wiederum prüft den Antrag und überweist die Zulagen anschließend auf das Vorsorgekonto.

Wichtig: Sollte sich später herausstellen, dass zu hohe Zulagen auf das Konto geflossen sind, ist der Anbieter verpflichtet, diesen Betrag an die ZfA zurückzuzahlen. Wer mit seinem Zulagenbescheid nicht einverstanden ist, kann innerhalb der im Bescheid genannten Fristen Widerspruch und gegebenenfalls auch Klage erheben. Dieses umständliche Procedere gilt jedoch nur für den Einzelantrag. Bei einem Dauerzulagenantrag wird die Förderhöhe und -berechtigung gleich mit geprüft. Das reduziert spätere Änderungen.

Antrag auf Steuererstattung

Wer auch die steuerliche Förderung nutzen will, muss – zusammen mit den Unterlagen für die jährliche Steuererklärung – obendrein eine Bescheinigung des Anbieters sowie die Anlage AV (Altersvorsorge) zur Einkommensteuererklärung ausgefüllt beim Finanzamt einreichen. Das wiederum prüft, ob dem Vorsorgesparer über die Zulagen hinaus eine weitere Steuererstattung zusteht und verrechnet sie mit etwaigen Steuernachforderungen oder überweist sie auf das Girokonto des Sparers.

Anlage Altersvorsorge einreichen

Persönliche Gestaltungsmöglichkeiten

Grundsätzlich gilt: Die Riester-Rente ist nichts für Wankelmütige. Wer die staatliche Förderung einstreichen will, muss sich langfristig binden. Denn Ziel der Vorsorgeförderung ist der Aufbau einer lebenslangen Zusatzrente. Deshalb ist die Riester-Rente weniger flexibel als ungeförderte Vorsorgeangebote, und die persönlichen Gestaltungsmöglichkeiten sind begrenzt. Das fängt schon bei der Produktauswahl an. Gefördert werden nur zertifizierte Produkte, die den staatlichen Förderkriterien entsprechen

Begrenzter Spielraum

Harte Folgen bei Vertragsabbruch

(⋯⟶ Seite 27). Darüber hinaus darf der Vorsorgesparer den Vertrag weder beleihen noch abtreten, nicht verkaufen und nicht verpfänden. Erlaubt ist lediglich der Anbieterwechsel oder die Entnahme von Erspartem zum Erwerb eines Eigenheims (⋯⟶ Seite 41). Darüber hinaus können Riester-Sparer ihren Vertrag auch jederzeit ruhen lassen. Und sie können ihn dem Ehepartner vererben (⋯⟶ Seite 37). Viel mehr Spielraum haben sie jedoch nicht.

Schädliche Verwendung

Eine vorzeitige Rückzahlung des angesparten Kapitals ist bei der Riester-Rente unerwünscht – und die Folgen des Vertragsabbruchs sind hart: Sämtliche Fördergelder müssen zurückgezahlt und die erwirtschafteten Kapitalerträge versteuert werden. Dabei ist es übrigens egal, ob der Vertrag in der Ansparphase oder während der Rentenzahlung gekündigt wird. In beiden Fällen gilt die Kündigung als Vertragsbruch. Einzige Ausnahme: Das Guthaben wird in einen anderen förderfähigen Vorsorgevertrag umgeschichtet. Dann bleibt alles beim Alten. Sonst gilt jede Entnahme, ausgenommen zur Finanzierung einer selbst genutzten Immobilie, als schädliche Verwendung.

Vertrag beitragsfrei stellen

Wer in eine finanzielle Notlage gerät und den Vertrag nicht mehr bedienen kann oder will, stellt ihn daher besser beitragsfrei. Das ist förderunschädlich – und außerdem können die Einzahlungen wieder aufgenommen werden, sobald es dem Vorsorgesparer wirtschaftlich wieder besser geht. Darüber hinaus ist das bislang Angesparte in keinem Fall verloren: Der Anbieter zahlt aus dem Vertragsguthaben mit Ruhestandsbeginn auf jeden Fall eine – wenn auch entsprechend niedrigere – lebenslange Rente.

Den Erbfall planen

Als förderschädliche Verwendung gilt übrigens auch, wenn das Geld bei Tod des Vorsorgesparers an die Erben fällt. Lediglich der verwitwete Ehepartner kann das in Riester-Verträgen angesammelte Vermögen im Erbfall ungeschmälert übernehmen – vorausgesetzt, er überträgt es auf einen eigenen, geförderten Vertrag.

Sofern der hinterbliebene Ehepartner noch keinen Riester-Vertrag hat, kann er im Todesfall kurzfristig noch einen abschließen, auch wenn keine Förderberechtigung besteht. Als Ehepartner hat er schließlich Anspruch auf einen Ehegattenvertrag. Diesen Anspruch kann er aber nur bis zum Ablauf des Todesjahres geltend machen. Danach ist es für den Abschluss eines Ehegattenvertrags zu spät.

Hinterbliebener hat Anspruch auf Ehegattenvertrag

> **[ ]** **Tipp:** Wer nach dem Tod seines Partners nicht mehr förderfähig ist oder seinen Riester-Vertrag aus anderen Gründen nicht fortführen möchte, kann ihn nach förderunschädlicher Übertragung des Kapitals jederzeit problemlos beitragsfrei stellen. Dann muss er weder die übernommene Förderung zurückzahlen noch die Erträge nachversteuern. Und sobald er in Rente geht oder das 60. Lebensjahr vollendet, kann er sich das vom Partner übernommene Kapital als lebenslange Rente auszahlen lassen. Dabei ist sogar eine einmalige Auszahlung in Höhe von 30 Prozent des zur Verfügung stehenden Kapitals gleich bei Rentenbeginn drin.

Erben dagegen die Kinder oder besteht der verwitwete Ehepartner auf Kapitalauszahlung, müssen die Fördermittel genau wie bei einer Vertragskündigung zurückgezahlt und die Zinserträge versteuert werden. Zusätzlich fällt unter Umständen Erbschaftsteuer an.

Allerdings kann bei Vertragsabschluss auch vereinbart werden, dass das angesammelte Kapital im Todesfall als

Todesfallvarianten
möglich

Witwen- oder Waisenrente ausgezahlt wird. Das gilt nicht als schädliche Verwendung und weder Zulagen noch erhaltene Steuerermäßigungen müssen zurückgezahlt werden. Eine solche Hinterbliebenenrente können aber nur der im Haushalt des Sparers lebende Ehepartner sowie seine kindergeldberechtigten Kinder erhalten. Zudem bieten bislang nur wenige Anbieter eine solche Todesfallvariante an.

Invalidenrente integrieren?

Häufiger wird dagegen eine Kombination mit einer Erwerbs- oder Berufsunfähigkeitsrente angeboten. Weil die neue Zusatzrente die staatliche Altersversorgung ergänzen soll, kann laut Gesetz ein ergänzender Schutz bei Berufsunfähigkeit durchaus mit abgesichert werden. Mehr als 15 Prozent der Beiträge dürfen für die Invaliditätsabsicherung aber nicht verwendet werden. Deshalb kann die Erwerbsminderungsrente nur minimal ausfallen. Ein ausreichender Schutz gegen Berufsunfähigkeit ist mit privaten Riester-Produkten daher nicht zu erreichen.

[ ] **Tipp:** In der Praxis ist es besser, auf solche Vertragszusätze zu verzichten und für diese Risiken einen separaten Vertrag abzuschließen. Für Familien ideal und außerdem preiswert: Kombi-Pakete aus einer Risikolebensversicherung mit Berufsunfähigkeitszusatz. Nähere Informationen dazu können Sie bei allen Verbraucherzentralen (Adressen ⇢ Seite 115) erhalten oder im Ratgeber »Berufsunfähigkeit gezielt absichern« (⇢ Seite 128) nachlesen.

Als Rentner ins Ausland

Zulagen und Steuervorteile zurückzahlen müssen auch Riester-Sparer, die ihren Wohnsitz als Rentner ins Ausland verlegen. Denn laut Gesetz müssen die Versorgungsleis-

tungen im Alter versteuert werden. Mit dem Wegzug ins
Ausland entziehen sich Vorsorgesparer jedoch dem Zugriff
des deutschen Fiskus. Deshalb hat das Finanzministerium
bestimmt, dass die staatliche Förderung in diesem Fall
zurückerstattet werden muss. Allerdings nicht auf einen
Schlag. Stattdessen verlangt der Fiskus 15 Prozent der
monatlichen Rente, bis alle Zulagen und Steuervorteile zurückgeflossen sind. Ob diese Regelung dauerhaft
haltbar ist oder ob sie nicht womöglich dem Prinzip der
Niederlassungsfreiheit innerhalb der Europäischen Union
widerspricht, ist aber noch nicht rechtsverbindlich geklärt.
Hier steht in Kürze die Entscheidung des Europäischen
Gerichtshofs (EuGH) an. Folgt der EuGH dem Schluss-
antrag seines Generalanwalts von Ende März 2009 – was
er meistens macht –, dann wird die bestehende Regelung
abgeschafft, weil sie »europarechtswidrig« ist und zudem
Grenzgänger und Wanderarbeitnehmer diskriminiert. Der
deutsche Gesetzgeber ist dann gehalten, seine Förder-
regeln entsprechend zu ändern. Das gilt übrigens nicht nur
bei Wegzug als Rentner ins Ausland. Der Generalanwalt
des EuGH hat auch die neuen Regelungen zum Wohn-
Riester (⸱⸱⸱⸸ Seite 41) kritisiert. Die Begrenzung der Förderung
ausschließlich auf inländische Immobilien hält er ebenfalls
für europarechtswidrig.

**Rückzahlung staat-
licher Förderung**

Anbieterwechsel jederzeit möglich

Wer dagegen den Anbieter wechseln will, weil er mit den
bisherigen Leistungen unzufrieden ist, kann den Vertrag
jederzeit mit einer Frist von drei Monaten zum Quartalsende auflösen. Das bis dahin gebildete Kapital wird dann
auf den neuen Vorsorgevertrag übertragen, der ebenfalls
zertifiziert sein muss. Und die staatliche Förderung läuft
weiter wie gehabt. Allerdings kann der bisherige Anbieter
Kosten für den Vertragswechsel berechnen: Die können

**Kosten bei Vertrags-
wechsel**

sich auf 50 bis zu mehreren hundert Euro belaufen. Darüber hinaus kassiert auch der neue Vertragspartner nicht selten Gebühren auf den Einzahlungsbetrag. Es ist daher sinnvoll, die Kosten vor einem Anbieterwechsel zu erfragen und mit spitzem Bleistift zu rechnen, ob sich der Wechsel wirklich lohnt. Zudem ist längst nicht jeder Anbieter bereit, das angesparte Kapital auch zu übernehmen. Ausführliche Information rechtzeitig vor dem Wechsel ist daher unerlässlich.

Kündigungs- und Rücktrittsmöglichkeiten

Wer vorschnell einen privaten Riester-Vertrag unterschrieben hat und nun feststellt, dass es bessere Angebote gibt, kommt oft nur mit Mühen und Kosten aus dem Vertrag, sofern dieser rechtsgültig geschlossen wurde. Einfacher ist der Ausstieg für Vorsorgesparer dagegen, wenn der Anbieter seine Informationspflichten verletzt hat.

Jeder Anbieter eines Altersvorsorgevertrags muss den Sparer vor Abschluss – bei Versicherungsverträgen vor Antragstellung – beispielsweise über sämtliche Vertragskosten sowie die Zertifizierung informieren.

Fehlt eine dieser Angaben, so kann der Sparer vom Vertrag zurücktreten. Dies ist jedoch nur innerhalb einer Frist von einem Monat nach der ersten Beitragszahlung möglich.

Bietet ein Versicherer eine Riester-Rente an, hat er noch weitere Informationspflichten zu erfüllen: Er muss seinen Kunden vor Abschluss des Versicherungsvertrags in einer »Verbraucherinformation« über alle für den Vertrag bedeutsamen Umstände informieren.

Sofern diese »Verbraucherinformation« unvollständig ist bzw. erst nach Vertragsabschluss oder gar nicht ausgehändigt wurde, steht dem Vorsorgesparer ein »Widerspruchsrecht« zu. Dieses muss aber innerhalb von 14 Tagen ausgeübt werden. Die Frist beginnt, sobald der Kunde den Versicherungsschein sowie eine schriftliche Belehrung über das Widerspruchsrecht erhalten hat. Sie erlischt jedoch spätestens ein Jahr nach Zahlung der ersten Prämie, selbst wenn der Sparer niemals eine vollständige »Verbraucherinformation« erhalten hat.

Widerspruchsrecht

Daneben kann ein abgeschlossener Vertrag auch angefochten werden, falls der Versicherungsvertreter dem Vorsorgesparer »das Blaue vom Himmel« versprochen und ihn somit durch Täuschung zum Vertragsabschluss veranlasst hat. Allerdings muss der Vorsorgesparer diese »arglistige« Täuschung beweisen. Das geht meist nur, wenn man die falschen Angaben schriftlich belegen kann oder einen Zeugen beim Beratungsgespräch dabei hatte.

»Wohn-Riester« – mit Riester bauen

Wer auf das altbewährte Eigenheim als Altersvorsorge setzen möchte, kann dies mit der Riester-Rente ebenfalls tun. Seit Einführung der Eigenheimrente im Jahr 2008 dürfen Sparer zur Finanzierung von Bau oder Kauf einer selbst genutzten Immobilie aus jedem Riester-Vertrag bis zu 75 oder 100 Prozent ihres Vorsorgekapitals entnehmen – und zwar ohne dafür Zinsen zahlen oder das Geld in den Vertrag zurückzahlen zu müssen. Mit dem neuen Eigenheimrentengesetz (EigRentG) hat der Gesetzgeber die Vorschriften zur Entnahme von Kapital aus einem geförderten Vertrag aber noch erweitert. Ab sofort dürfen einem Riester-Vertrag bis zu 75 oder 100 Prozent des Guthabens entnommen werden, wenn das Geld

Erweiterte Entnahmemöglichkeiten

- zur Anschaffung oder Herstellung einer inländischen selbst genutzten Wohnung,

- zum Erwerb von Geschäftsanteilen an einer eingetragenen Genossenschaft für die Selbstnutzung einer Genossenschaftswohnung,
- für den Erwerb von einem eigentumsähnlichen Dauerwohnrecht (zum Beispiel Erwerb eines lebenslangen Wohnrechts in einem Senioren- und Pflegeheim),
- zu Beginn der Rentenphase zur Entschuldung einer selbst genutzten Immobilie

genutzt wird.

Zur Tilgung einsetzbar

Gefördert werden zudem nicht nur die Sparleistungen zum Aufbau von Eigenkapital, das später beim Bau oder Kauf der Immobilie eingesetzt wird. Eigenbeitrag und Förderung können auch direkt als Tilgung bei der Immobilienfinanzierung eingesetzt werden. Voraussetzung ist lediglich, dass der jährliche Mindesteigenbeitrag plus die Zulagen in ein entsprechend zertifiziertes Riester-Darlehen oder auf einen zertifizierten Bausparvertrag fließt. Entsprechende förderfähige Produkte sind seit November 2008 auf dem Markt.

Die neue Wohn-Riester-Regelung kann jedoch nur für die Neuanschaffung einer selbst genutzten Wohnung oder eines Eigenheims eingesetzt werden oder alternativ zur kompletten Entschuldung einer bereits bestehenden selbst genutzten Immobilie unmittelbar zu Rentenbeginn. Modernisierungs- und Energiesparmaßnahmen gehören dagegen nicht zu den förderungswürdigen Maßnahmen. Bedingung für die sogenannte Eigenheim-Rente ist zudem, dass der Riester-Geförderte die Immobilie auch bzw. gerade im Rentenalter selbst bewohnt.

Alle Vertragsvarianten zu nutzen

Sofern Vorsorgesparer das Eigenkapital für den Hauserwerb zuerst einmal mit Riester-Förderung ansparen wollen, können sie dabei jede Vertragsvariante nutzen. Das bedeutet: Das Geld kann zunächst auch auf einen Riester-Banksparplan, in eine Riester-Rentenversicherung oder einen Riester-Fondssparplan fließen. Sobald der Bau oder Kauf der Immobilie dann ansteht, darf das angesparte Guthaben bis zu 75 oder 100 Prozent aus dem Riester-Vertrag entnommen werden, ohne dass dies zu einer schädlichen Verwendung führt.

Einzige Ausnahme: Bei Altverträgen – und dazu zählen Riester-Verträge, die vor dem 1. Januar 2008 abgeschlossen wurden – ist die komplette Entnahme des Angesparten bis Ende 2009 nur dann möglich, wenn das geförderte Kapital mindestens 10.000 Euro beträgt. Andernfalls kann das in Altverträgen angesparte Kapital in dieser Zeit nicht für den Hauserwerb eingesetzt werden. Das läuft de facto auf eine Blockierung der Entnahme in dieser Zeit hinaus, da kaum ein Altvertrag diese Bedingung erfüllt. Verbraucher können die Regelung aber leicht umgehen: Sie müssen das Kapital aus dem Altvertrag lediglich auf einen Neuvertrag übertragen. Sofern dabei keine Wechsel- oder neuen Abschlusskosten anfallen, kann sich das lohnen.

Im Alter Steuern zahlen

Seit 2008 ist die Rückzahlungspflicht für das zum Eigenheimerwerb entnommene Kapital entfallen. Das bedeutet: Dieses Geld muss nicht in den Vertrag zurückfließen, sondern verbleibt in der Immobilie. Gleichzeitig werden sowohl der Entnahmebetrag als auch die jährlich geförderten Tilgungsleistungen sowie die erhaltenen Zulagen auf einem sogenannten Wohnförderkonto verbucht und mit zwei Prozent jährlich verzinst. Das so ermittelte Förderkapital muss ab Rentenbeginn dann als »Eigenheim-Rente« versteuert werden. Spätester Termin für den Beginn der Steuerpflicht ist die Vollendung des 68. Lebensjahres. Denn bis dahin muss das Riester-Darlehen auf jeden Fall komplett getilgt sein.

»Eigenheim-Rente« steuerpflichtig

Der Fiskus verlangt seinen Tribut allerdings nicht auf einen Schlag. Der Riester-Bauherr kann vielmehr wählen, ob er die Steuern auf das gesamte Wohnförderkapital gleich zu Beginn der Rentenphase in einer Summe entrichten will. Dann wird ihm ein Rabatt von 30 Prozent des Betrags gewährt, der sich auf dem Wohnförderkonto rechnerisch angesammelt hat. De facto muss er also nur 70 Prozent des Förderkapitals mit dem persönlichen Steuersatz versteuern.

Alternativ kann er sich auch für jährliche Besteuerung entscheiden. Dann wird der komplette Betrag auf dem Wohnförderkonto durch die Jahre bis zum 85. Lebensjahr geteilt. Der so ermittelte Jahresbetrag wird dann als fiktive »Eigenheim-Rente« mit dem persönlichen Einkommensteuersatz versteuert. Und Jahr für Jahr reduziert sich das Wohnförderkonto um den bereits versteuerten Betrag.

Die Steuerregeln gelten allerdings nur, solange der Riester-Sparer die mit Förderung finanzierte Immobilie auch weiterhin selbst bewohnt. Wird sie verkauft oder vermietet, muss nachversteuert werden. Das bedeutet: Ein etwaiger Rabatt (bei einmaliger Besteuerung) muss nachversteuert werden. Bei laufender Besteuerung muss der Restbetrag auf dem Wohnförderkonto sofort in voller Höhe versteuert werden.

Nachversteuerung vermeidbar

Die Nachversteuerung lässt sich allerdings vermeiden. Das gilt zum Beispiel, wenn der Verkaufserlös zur Anschaffung einer neuen selbst genutzten Immobilie eingesetzt wird. Dann wird die Eigenheim-Rente in unveränderter Form fortgeführt. Oder wenn der Restbetrag vom Wohnförderkonto in einen Riester-Rentenvertrag, also einen Banksparplan, Fondssparplan oder eine Rentenversicherung, eingezahlt wird. Dann muss nur die daraus resultierende Rente versteuert werden.

Auch falls der Riester-Sparer verstirbt und seine Ehefrau
in der selbst genutzten Immobilie wohnen bleibt, kann sie
das Wohnförderkonto unverändert fortführen.

Wird die Immobilie des Riester-Sparers nur zeitweise nicht
mehr selbst genutzt, weil dieser berufsbedingt umziehen
muss, kann sie – entgeltlich oder unentgeltlich – vermietet
werden, ohne dass der Wohn-Riester-Vertrag förderschäd-
lich beendet wird. Voraussetzung ist jedoch, dass die
Überlassung der Wohnung von vornherein zeitlich befristet
wird, der Riester-Sparer die spätere Wiederaufnahme der
Selbstnutzung beabsichtigt und er auch spätestens mit
67 Jahren wieder dort einzieht. Im Übrigen gelten bei Ver-
mietung die gleichen Regeln wie beim Verkauf: Das wird
als förderschädlicher Abbruch des Vertrags bewertet.

Mit Riester tilgen

Die Riester-Förderung kann zudem nicht nur zum Ansparen
von Kapital für ein Eigenheim, sondern das Geld kann auch
direkt zur Tilgung von Wohnungsbaudarlehen genutzt
werden und mit in die Immobilienfinanzierung einfließen.
Das setzt aber voraus, dass Bauherren und Käufer einen
entsprechend zertifizierten Vertrag in die Finanzierung ein-
binden. Denn Eigenbeitrag und Zulagen dürfen nur
■ in einen Riester-Bausparvertrag fließen
■ oder als Sondertilgung auf einen Riester-Darlehens-
   vertrag eingezahlt werden.

Förderfähig sind aber auch Verträge zum Erwerb von Geschäftsanteilen an einer Genossenschaft für eine selbst
genutzte Genossenschaftswohnung.

Riester-Bausparverträge unterscheiden sich kaum von
herkömmlichen Bausparverträgen. Einziger Unterschied:

Abschlussgebühr auf fünf Jahre zu verteilen

Die bei Bausparverträgen übliche Abschlussgebühr muss bei Riester-Verträgen mindestens auf die ersten fünf Jahre verteilt werden. Förderfähig sind sowohl die Einzahlungen in der Ansparphase als auch die späteren Tilgungsleistungen, wenn das Bauspardarlehen entsprechend den Fördervoraussetzungen zur Finanzierung einer selbst genutzten Wohnung eingesetzt wird.

Weiteres Plus der Riester-Bausparverträge: Die spätere »wohnwirtschaftliche Nutzung« ist keine Bedingung für die Förderung. Der Bausparvertrag kann auch als reiner Sparvertrag genutzt werden, was aber nur bei hoch verzinsten Sparverträgen attraktiv ist. Wie bei den Riester-Banksparplänen darf das angesparte Kapital dann zu Rentenbeginn aber lediglich in Form einer lebenslangen Rente oder als Auszahlplan mit Restrentenversicherung ab dem 85. Lebensjahr entnommen werden. Andernfalls liegt eine schädliche Verwendung vor.

Eine Ausnahme gilt, wenn das Kapital auf dem Riester-Bausparvertrag bis Rentenbeginn angespart und dann zur vollständigen Entschuldung einer selbst genutzten Immobilie eingesetzt wird. Dabei darf es sich auch um eine Immobilie handeln, die bereits vor dem 1. Januar 2008 angeschafft wurde. Auch die Entnahme zum Erwerb eines lebenslangen Wohnrechts, zum Beispiel in einem Senioren- und Pflegeheim, ist möglich. Ob der Riester-Bausparvertrag dafür das optimale Produkt ist, steht aber mit Blick auf die Rendite auf einem anderen Blatt. Denn die Vorschriften zur Entnahme des angesparten Kapitals gelten für alle Riester-Verträge. Das Kapital kann auch in einem zertifizierten Bank-Sparplan angespart werden, um es später zur Entschuldung zu verwenden.

Erwerb lebenslangen Wohnrechts in Senioren- oder Pflegeheim

Bei Riester-Darlehen handelt es sich dagegen um zertifizierte Wohnungsbau-Kreditverträge, die bei Kauf oder

Bau eines Eigenheims unmittelbar zur Finanzierung eingesetzt werden. Das bedeutet: Hier wird vom Staat keine
Sparleistung gefördert. Stattdessen wird der nach den
Riester-Regeln erforderliche jährliche Eigenbeitrag direkt
zur Darlehenstilgung verwandt. Auch die staatlichen Zulagen fließen als Sondertilgung auf den Riester-Darlehens-
vertrag.

Förderfähig sind dabei zertifizierte Kreditverträge mit laufender Tilgung, die den üblichen Baufinanzierungskrediten
(Hypothekendarlehen) ähneln. Weil hier die Riester-Spar-
leistung und die Zulagen unmittelbar zur Tilgung des Kre-
dits eingesetzt werden, verspricht diese Vertragsvariante
unter Renditegesichtspunkten das beste Geschäft. Denn
die Sollzinsen liegen meist deutlich über den Habenzinsen, mit denen die Anbieter von Riester-Verträgen die
Einzahlungen verzinsen. Darüber hinaus wirkt sich eine
hohe und möglichst rasche Tilgung insgesamt günstig
auf die Finanzierungskosten aus. Unterm Strich dürften
kostengünstige Riester-Darlehen daher zur attraktivsten
Variante unter allen Riester-Produkten zählen.

Neben zertifizierten Darlehen mit laufender Tilgung können aber auch Darlehen gefördert werden, für die zunächst
nur Zinsen gezahlt und die später durch einen Bausparvertrag oder Entnahmen aus einem anderen Riester-Vertrag getilgt werden. Das bedeutet: Neben Bausparsofort-
finanzierungen sind auch Kombinationen aus endfälligem
Darlehen und Riester-Rentenversicherung oder Riester-
Banksparplan möglich. Bei solchen Kombiverträgen spie-
gelt der Effektivzins des Darlehens allerdings nicht die
komplette Kostenbelastung wider. Deshalb muss bei zertifizierten Kombiprodukten immer der Gesamt-Effektivzins
der Vertragskombination angegeben werden.

Auch Kombiverträge förderfähig

Rückzahlung bis zum 68. Lebensjahr

Unabhängig von der Art der Tilgung gilt jedoch: Alle mit Wohn-Riester geförderten Darlehen müssen spätestens bis zur Vollendung des 68. Lebensjahres des Riester-Sparers zurückgezahlt werden. Zudem wird das zur Tilgung eingesetzte Kapital – d.h. der einmalige Entnahmebetrag aus dem Riester-Vertrag ebenso wie die laufenden Tilgungsleistungen und die erhaltenen Zulagen – in ein Wohnförderkonto eingetragen und jährlich mit zwei Prozent verzinst.

Kein Baugeld vom Betrieb

Wer die Riester-Zulage für die betriebliche Altersvorsorge nutzt, kann dagegen kein Geld aus der Altersvorsorge zur Finanzierung des Eigenheims einkalkulieren. Denn das Wohn-Riester-Modell ist bei Betriebsrenten nicht zulässig. Der Grund: Selbst eine vorübergehende Kapitalentnahme würde erhebliche Zinsverluste kosten. Damit darf die Gemeinschaft der Betriebsrentner aber nicht belastet werden. Im Gegenzug bieten betriebliche Versorgungswerke ihren Mitgliedern aber oft zinsverbilligte Darlehen als Baugeld an.

Wer profitiert am meisten von der Förderung?

Vorteile bei Steuerentlastung genau prüfen

Die Förderung für das Vorsorgesparen gibt es nicht umsonst. Weil das Kapital für die private oder betriebliche Zusatzrente dank Zulagen und Sonderausgabenabzug aus steuerfreiem Einkommen angespart werden kann, muss die spätere Rente voll versteuert werden. Für die meisten Arbeitnehmer ist das aber immer noch ein gutes Geschäft: Ihre Steuerbelastung ist im Ruhestand meist niedriger als im Erwerbsleben. Gutverdiener, aber auch die künftige Erbengeneration, müssen allerdings mit spitzem Bleistift rechnen, ob sich der Fördervorteil in der Ansparphase im Alter wirklich auszahlt. Das gilt umso mehr, als die gesetzliche Rente nach dem Alterseinkünftegesetz schrittweise voll steuerpflichtig wird. Wer dadurch im Alter keine steuerliche Entlastung zu erwarten hat, fährt mit herkömmlichen Vorsorgeprodukten unter Umständen besser. Die werden zwar in der Ansparphase nicht gefördert, sind aber in der Auszahlphase oft steuerlich begünstigt, so zum Beispiel herkömmliche private Rentenversicherungen. Auch die betriebliche Altersversorgung kann jenseits der neuen Förderung durchaus lukrativ sein (⸱⸱⸱→ Seite 74).

Als Faustformel galt bislang, dass die Riester-Rente eher für Geringverdiener und Familien mit Kindern attraktiv ist. Kinderlose Arbeitnehmer mit hohem Einkommen stehen aber ebenfalls auf der Gewinnerseite: Denn neben geringen Zulagen erzielen sie hohe Steuerersparnisse. Auch die hebeln die Rendite des selbst eingezahlten Kapitals kräftig nach oben.

⁞ Beispiel

Bringt ein Riester-Produkt beispielsweise fünf Prozent Rendite und stammt die Hälfte der Einzahlungen aus Fördermitteln, dann müsste eine nicht geförderte Privatvorsorge schon zehn Prozent Ertrag abwerfen, um mit der Riester-Rente konkurrieren zu können!

In der Ansparphase dürfte die Riester-Rente daher für die meisten Vorsorgesparer durchaus lukrativ sein. Doch die Planung der optimalen Altersvorsorge erfordert seit Verabschiedung des Alterseinkünftegesetzes immer auch einen Blick auf die voraussichtliche Einkommens- und Steuersituation im Alter. Wer niedrige Rentenansprüche zu erwarten hat und über keine nennenswerten Zusatzeinkünfte aus Vermögen verfügen wird, für den ist die Riester-Rente

Augenmerk auf Einkommens- und Steuersituation im Alter

oder eine geförderte betriebliche Altersvorsorge sicherlich optimal.

Wer dagegen eine vergleichsweise hohe steuerpflichtige Rente zu erwarten hat und/oder über steuerpflichtige Zusatzeinnahmen, beispielsweise aus einer arbeitgeber-finanzierten Betriebsrente oder aus Vermögen verfügen wird, für den sind ungeförderte Sparformen im Alter oft günstiger. Das komplett miet- und steuerfreie Wohnen in einem schuldenfreien Eigenheim oder einer Eigentums-wohnung bringt netto auch oft mehr in die Haushaltskasse eines Rentners als eine steuerpflichtige Zusatzrente oder die Eigenheimrente. Auch eine private Rentenversiche-rung, deren Auszahlleistung je nach Alter bei Renten-beginn nur zu 22 oder 18 Prozent steuerpflichtig ist, bringt in solchen Fällen netto mehr als eine geförderte Vorsorge. Den Profit können aber nur Vorsorgesparer einstreichen, die schon in der Ansparphase über ausreichendes Ein-kommen verfügen und die Beiträge für eine ungeförderte Vorsorge problemlos finanzieren können.

Riester-Rente ist Hartz-IV-sicher

Ein großes Plus bei der Riester-Rente ist dagegen, dass das mit Förderung angesparte Kapital auch in Zeiten länge-rer Arbeitslosigkeit nicht angegriffen werden muss. Denn die Riester-Rente ist Hartz-IV-sicher, solange nicht mehr als der jeweilige Förderhöchstbetrag eingezahlt wird. Weil der Riester-Vertrag weder abgetreten noch beliehen und auch nicht förderunschädlich gekündigt werden kann, muss das angesparte Kapital weder aufgebraucht werden noch wird es auf den Vermögens- oder Vorsorgefreibetrag angerechnet, den Bezieher von Arbeitslosengeld II geltend machen können.

Was bei der Riester-Rente wirklich zählt, ist jedoch das Verhältnis zwischen Aufwand und Ertrag. Und das fällt wegen der Zulagen und der Steuervorteile eigentlich sehr günstig aus. Entscheidend ist jedoch, dass Vorsorgesparer einen Vertrag auswählen, der einerseits zu ihren persönlichen Vorsorgezielen passt und andererseits ein gutes Preis-Leistungs-Verhältnis aufweist. Das bedeutet vor allem: Der Vertrag muss kostengünstig sein. Denn nur dann kommt die staatliche Förderung auch beim Vorsorgesparer an. Andernfalls profitiert eher der Anbieter.

3

Riester-Produkte unter der Lupe

Banken, Versicherungen und Fondsgesellschaften – sie alle bieten mittlerweile zahlreiche Vorsorgeprodukte an, die die Kriterien für die staatliche Förderung erfüllen. Leicht ist die Auswahl für Vorsorgewillige daher nicht. Alle Riester-Produkte garantieren zwar den Erhalt der Beiträge und eine lebenslange Rente. Ob sich ein Angebot auszahlt – und ob es den individuellen Anlagezielen sowie der persönlichen Risikoneigung entspricht –, zeigt dagegen erst ein Blick auf die Details.

Angebots- und Vertrags-Check

Grund genug für alle Vorsorgesparer, die verschiedenen Produktlinien erst einmal kritisch unter die Lupe zu nehmen und bei konkreten Angeboten auch das Kleingedruckte im Vertrag sorgfältig zu studieren – und zwar noch bevor er unterschrieben wird. Denn die Riester-Rente begleitet Sparer unter Umständen ein halbes Leben lang. Kaum abzusehen, was in dieser Zeit alles passieren kann. Umso wichtiger ist es, ein Produkt zu finden, das zur persönlichen Vorsorgestrategie passt. Darüber hinaus sollten die Vertragsbedingungen kundenfreundlich sein und sich – gerade bei lang laufenden Verträgen – auch an veränderte Lebensumstände anpassen lassen.

Riester-Sparpläne von der Bank

Bescheidene, aber sichere Erträge – das versprechen Banksparpläne allen Vorsorgesparern. Ungefördert sind sie den meisten Anlegern als Ratensparvertrag mit Zins und Bonus bekannt. Förderfähige Banksparpläne sehen ähnlich aus. Üblicherweise wird das Geld auf einem Sparkonto mit variabler Verzinsung angelegt. Je nach Anbieter gibt es zusätzlich Boni und Zinsaufschläge, deren Höhe von der Dauer der Einzahlphase abhängig ist. Abschlussgebühren fallen nicht an. Einige Banken berechnen allerdings jährliche Verwaltungskosten von 5 bis 15 Euro. Dafür

Variable Verzinsung

zahlen die Banken allerdings weniger Zinsen. Die Rendite solcher Sparpläne ist dementsprechend bescheiden. Mehr als drei bis vier Prozent Grundzins plus Bonus sind bei den meisten Anbietern derzeit nicht drin. Dafür ist das Geld aber absolut sicher angelegt. Selbst wenn eine Bank Pleite macht, sind die Vorsorgegelder nicht verloren. Denn der Erhalt von Kapital und Zinsen ist dank der deutschen Einlagesicherung in Millionenhöhe garantiert.

Auszahlungsplan und Entnahmemöglichkeiten

Mit Rentenbeginn haben Sparer die Wahl, das angesparte Guthaben in einen Bank-Auszahlplan umzuschichten und zusätzlich eine kleine Rentenpolice für Rentenzahlungen ab 85 Jahren abzuschließen. Falls gewünscht, lassen sich solche Auszahlpläne problemlos mit der bei Riester-Produkten zulässigen einmaligen Kapitalauszahlung kombinieren. Dann werden bei Rentenbeginn bis zu 30 Prozent des angesparten Kapitals in einer Summe ausgezahlt und nur die restlichen 70 Prozent des Guthabens fließen in den Auszahlplan. Oder man entscheidet sich von vornherein für die lebenslange Rente.

Zulässige Einmalauszahlung

Feste Zinsbindung

Das einzige Risiko geförderter Banksparpläne ist daher die Inflation. Ein Anstieg der Teuerungsrate auf zwei bis drei Prozent kann den kompletten Jahreszins von Riester-Sparverträgen schnell aufzehren. Da ist es gut zu wissen, dass keine Bank die Sparzinsen solcher Konten bei steigenden Zinsen niedrig halten kann. Nach einem von der Verbraucherzentrale Nordrhein-Westfalen erstrittenen Urteil des Bundesgerichtshofs vom Februar 2004 (AZ. XI ZR 140/03) muss sich die Bank grundsätzlich am Zins-

Verzinsung ist offen-zulegen

trend des Kapitalmarkts orientieren und ihren Kunden offenlegen, nach welchen Kriterien sie auf steigende oder fallende Sätze reagiert. Folge des Urteils: Sparer können von ihrer Bank verlangen, dass sie angibt, an welcher Zinsgröße sich die Verzinsung ihres Sparplans orientiert – und sie können bei steigenden Zinsen rasch auf Anhebung pochen.

[ ] Tipp: Falls Ihre Bank solche Angaben verweigert oder Sie den Eindruck haben, dass die Zinsen nicht korrekt berechnet werden, können Sie den Vertrag bei einer Verbraucherzentrale (Adressen ⇢ Seite 115) überprüfen lassen.

Anpassung an aktuelle Zinsentwicklung

Die meisten Riester-Banksparpläne entsprechen mittlerweile den Vorgaben der obersten Bundesrichter. Einige wurden sogar von vornherein mit einem festen Zins-Anpassungsmodus ausgestattet. Dabei handelt es sich um Sparpläne, bei denen die Banken den vertraglich zugesicherten Zins von vornherein fest an die Umlaufrendite öffentlicher Anleihen gekoppelt haben. Bei diesen förderfähigen Sparplänen mit fester Bindung an die Umlaufrendite verpflichtet sich das Institut beispielsweise, den Basiszins alle drei Monate an die aktuelle Zinsentwicklung anzupassen. Allerdings erhalten die Riester-Sparer nicht den vollen Zinssatz öffentlicher Anleihen gutgeschrieben. Meist sieht die Zinsklausel des Riester-Banksparplans einen Abschlag von 0,25 bis 1,25 Prozent auf die Umlaufrendite vor.

Riester-Banksparpläne sind ideal für ältere Vorsorgesparer, die nur noch wenige Jahre bis zum Ruhestand haben, kein Anlagerisiko mehr eingehen wollen und zugleich eine kostengünstige Anlage für ihre Riester-Zulage suchen. Denn bei Banksparplänen fallen – im Gegensatz zu allen anderen Riester-Produkten – entweder keine oder nur minimale Verwaltungskosten an. Diese Pluspunkte machen Banksparpläne nicht nur für Vorsorgesparer mit hohem Sicherheitsbedürfnis attraktiv, sondern auch für alle, die mit dem Wohn-Riester-Modell eine selbst genutzte Immobilie finanzieren wollen. Der Grund: Bei Riester-Banksparplänen kann auch jederzeit auf die ungeschmälerte Summe aus Einzahlungen plus Zinserträgen zurückgegriffen werden – und die Habenzinsen liegen meist deutlich höher als bei Wohn-Riester-Bausparverträgen. Darüber hinaus fahren Vorsorgesparer, die das Produkt ihrer Wahl noch nicht gefunden haben, die Förderung aber schon mal mitnehmen wollen, mit Banksparplänen gut. Denn die Kosten für den Anbieterwechsel sind mit meist 25 bis 50 Euro vergleichsweise niedrig – sofern überhaupt Wechselkosten entstehen. Kurz: In punkto Sicherheit und Kosten sind zertifizierte Banksparpläne das beste Riester-Produkt.

Pluspunkte bei Sicherheit und Kosten

Riester-Rentenversicherungen

Die Versicherungswirtschaft bietet auf Riester zugeschnittene Rentenversicherungen gleich in drei Varianten an. Sparer haben dabei die Wahl zwischen klassischen Policen und zwei risikoreicheren Varianten, bei denen die Rentenpolice mit einer Fondsanlage kombiniert wird. Das soll mehr Ertrag als eine klassische Police bringen, birgt aber auch ein höheres Anlagerisiko.

Klassische Riester-Police

Für sicherheitsbetonte Vorsorgesparer gibt es die förderfähige Variante der klassischen privaten Rentenversicherung: Der Versicherer investiert Beiträge und Zulagen nach Abzug der Kosten in einen Mix aus Anleihen, Immobilien und Aktien (maximal 35 Prozent). Das so gebildete Deckungskapital wird mit 2,25 Prozent verzinst (aktueller Garantiezins auf den Sparanteil des Beitrags). Erwirtschaftet der Versicherer höhere Erträge, die sogenannte Überschussbeteiligung, fließt das Geld ebenfalls in den konservativen Anlagemix.

Gleichbleibende oder dynamische Rente

Ab Rentenbeginn zahlt der Versicherer aus dem Kapital dann eine lebenslange Rente. Dabei können Vorsorgesparer je nach Anbieter wählen, ob die Rente lebenslang eher gleich bleiben oder Jahr für Jahr dynamisch steigen soll. Bei der sogenannten teildynamischen Rente wird ein Teil der Überschüsse gleich bei Rentenbeginn gutgeschrieben. Das bedeutet: Die Anfangsrente ist höher, steigt aber später nicht mehr so stark an. Bei einer dynamischen Rente erhalten Vorsorgesparer anfangs nur die garantierte Rente ausgezahlt. Dafür werden aus den erwirtschafteten Überschüssen jährliche Rentenerhöhungen von ein bis drei Prozent finanziert, die in den Folgejahren für Inflationsausgleich sorgen sollen. Doch Vorsicht: Alle Überschusserträge sind nicht garantiert und können sogar ganz oder teilweise ausfallen.

Rendite nicht üppig

Die Rendite klassischer Riester-Policen ist nicht üppig. Je nach Anbieter sind derzeit unter Berücksichtigung der Zulagen zwischen drei bis vier Prozent Ertrag auf die Einzahlungen bis zum Ablauf der Ansparphase drin. Wie hoch die Gesamtrendite unter Einschluss der Rentenphase ist, hängt dagegen nicht nur von den erwirtschafteten Erträgen und den Kosten des Vertrags in der Anspar- und der Rentenphase ab. Auch die Frage, mit welcher Sterbetafel der Anbieter kalkuliert bzw. ob die Verrentungsfaktoren für die gesamte Laufzeit verbindlich festgeschrieben sind, hat Einfluss auf die Rendite. In diesem Punkt klafft das Preis-Leistungs-Verhältnis der Anbieter jedoch weit auseinander. Hinzu kommt: Die Versicherungsbranche geht bei allen Rententarifen davon aus, dass nur solche

Kunden einen Vertrag abschließen, die besonders lange
leben. Wer nur so alt wird wie der Bevölkerungsdurch-
schnitt oder bei Rentenbeginn bereits erkankt ist und eine
unterdurchschnittliche Lebenserwartung hat, macht daher
unter Umständen ein schlechtes Geschäft. Das Problem
dabei: Ob das im Einzelfall wirklich so ist, kann keiner im
Voraus wissen – erst recht nicht, wenn der Vertrag bereits
in jungen Jahren abgeschlossen wird. Deshalb ist es gut zu
wissen, dass es für Riester-Sparer einen Ausweg gibt, um
sich bei schlechter Gesundheit im Alter möglichst viel vom
angesparten Kapital zu sichern: Sie können sich immerhin   **Einmalauszahlung**
30 Prozent davon gleich zu Rentenbeginn in einer Summe   **steigert Rendite**
auszahlen lassen. Das drückt zwar auf die Monatsrente,
hebelt die Rendite des Vertrags in solchen Fällen aber
deutlich nach oben.

Wie sicher das Kapital ist, hängt bei klassischen Riester-
Rentarifen in erster Linie von der Qualität des jeweiligen Anbieters ab. Vorsorgesparer sind daher gut beraten,
sich vor Vertragsabschluss über die Bonität und die Er-   **Bonität und Ertrags-**
tragslage der ausgewählten Versicherungsgesellschaften   **lage der Versicherer**
zu informieren. Entsprechende Informationen halten alle
Verbraucherzentralen bereit. Mit Einführung des staatlichen Sicherungsfonds für Lebens- und Krankenversiche-
rungen sind die garantierten Leistungen bei Riester-Policen aber auf jeden Fall geschützt – auch wenn der Anbieter
in Konkurs gehen sollte.

Förderfähige Rentenpolice mit Fonds

Anlegern, die eine sichere Basisrente suchen, sich aber die
Ertragschancen des Kapitalmarkts nicht entgehen lassen
wollen, bieten Versicherer ein Kombiprodukt: die förderfähige Rentenpolice mit Fonds. Bei dieser Kombipolice werden Beiträge und Zulagen zunächst ebenfalls traditionell

angelegt – genau wie bei der förderfähigen klassischen Rentenpolice. Eine ähnlich hohe Mindestrente ist deshalb garantiert. Um die Ablaufleistung zu erhöhen, werden aber alle Erträge, die über den 2,25-prozentigen Garantiezins hinausgehen, während der Ansparphase in Aktienfonds investiert. Das soll die Überschussbeteiligung aufpolstern, erhöht aber tendenziell auch das Anlagerisiko.

Fondswahl nach Risikoneigung

Bei einigen Anbietern können Sparer deshalb je nach Risikoneigung selbst wählen, in welche Fonds (Aktien-, Renten-, Geldmarkt- und/oder offene Immobilienfonds) die Überschusserträge fließen sollen, und das Guthaben während der Laufzeit auch mal umschichten. Bei Rentenbeginn wird das Fondsguthaben aber in jedem Fall aufgelöst und konventionell investiert, um genau wie bei der klassischen Riester-Police eine lebenslang gleichbleibende oder steigende Rente zu finanzieren. Die Probleme in der Rentenphase sind daher die gleichen wie bei der Klassik-Police. Zudem verursacht die Fondsanlage meist höhere Kosten. Unterm Strich erreichen Rentenpolicen mit Fonds daher nur sehr selten bessere Erträge als eine Klassik-Police. Oft bleiben sie sogar dahinter zurück.

Förderfähige Fondspolice

Weil jedes Prozent Sicherheit zugleich Rendite kostet, lockt die Branche risikobereite Anleger gern mit Policen, die nichts weiter sichern als den Kapitalerhalt – aber, wenn es gut geht, eine üppigere Rente springen lassen.

Kombination aus Rentenversicherung und Fondssparplan

Solche förderfähigen Fondspolicen sind eine Kombination aus einer Rentenversicherung und einem Fondssparplan. Damit die gezahlten Beiträge und Zulagen bei Rentenbeginn zur Verfügung stehen, wird der Monatsbeitrag des Vorsorgesparers gesplittet: Ein kleiner Teil fließt in eine klassische Rentenpolice. Die ist versicherungsmathematisch so kalkuliert, dass zu Rentenbeginn exakt die Summe aller eingezahlten Beiträge und Zulagen zur Verfügung steht (Garantiepolice). Der Rest vom Monatsbeitrag sowie etwaige Überschussanteile aus der Garantiepolice fließen dagegen unmittelbar in Investmentfonds.

Auch bei der förderfähigen Fondspolice wird das Fondskapital zu Rentenbeginn aufgelöst, dem Versicherungstopf zugeführt und konventionell angelegt, um – zusammen mit dem Kapital aus der Garantiepolice – eine lebenslang gleichbleibende oder steigende Monatsrente zu sichern. Auch hier gilt also: Schon bei Abschluss des Vertrags auch die Konditionen für die Rentenphase kritisch unter die Lupe nehmen!

Konditionen für Rentenphase prüfen

Je nach Anbieter können Anleger in der Sparphase zwischen verschiedenen Aktien-, Renten-, Immobilien- oder Geldmarktfonds wählen. Für Bequeme gibt es auch Policen mit gemanagtem Fondsdepot. Hier braucht sich der Sparer um nichts zu kümmern. Die Anlageexperten der Versicherung übernehmen die Fondsauswahl und steuern das Depot, in dem sie es von Zeit zu Zeit der Kapitalmarktentwicklung oder dem Alter des Vorsorgesparers anpassen. Solche gemanagten Fondspolicen gibt es meist in drei oder vier verschiedenen Risikoklassen – die sich vor allem in ihrem Aktienfondsanteil unterscheiden. Dabei gilt: Je höher der Aktienanteil, desto höher die Ertragschancen, aber auch das Anlagerisiko. Solche Fondspolicen investieren bisweilen auch in ethisch-ökologische Investmentfonds und sprechen daher gezielt umweltbewusste Vorsorgesparer an.

Gemanagte Fondspolice

Wichtig: Da die Garantiepolice nur den Kapitalerhalt, aber keine Verzinsung sichert, ist die garantierte Mindestrente bei Fondspolicen deutlich niedriger als bei den beiden anderen Riester-Policen. Ob sie später durch eine mehr oder minder üppige Überschussbeteiligung aufgepäppelt werden kann, hängt deshalb entscheidend von der Fondsauswahl, der Kapitalmarktentwicklung und der Gesamtkostenbelastung des Vertrags ab. In diesem Punkt sind Fondspolicen besonders teuer. Der Grund: Neben den ohnehin hohen Abschluss- und Verwaltungskosten für die Versicherung werden Managementgebühr und Verwaltungskosten für die Fonds, eventuell noch ein Ausgabeaufschlag beim Kauf, Depotkosten und Gebühren beim Fondswechsel fällig. Deshalb sind Fondspolicen fast immer die teuersten der vier Riester-Produktvarianten.

Investition in Garantiefonds

Bei neueren Fondspolicen gehen die Anbieter zudem verstärkt dazu über, die Garantieleistung nicht mehr durch Anlage der Mittel im Deckungsstock des Versicherers abzusichern. Stattdessen wird das Geld in Garantiefonds investiert. Dies soll wiederum etwas höhere Ertragschancen bieten. Gleichzeitig steigt aber auch das Anlagerisiko. Denn der Fonds sichert das Kapital nur zum Ende der Laufzeit oder zu bestimmten Terminen. Zwischendurch kann er jedoch auch ins Minus rutschen. Deshalb haftet auch bei solchen Tarifen letztlich der Versicherer für den Kapitalerhalt. Laut Gesetz muss der Anbieter aber nur garantieren, dass die Summe aller Einzahlungen (Eigenbeiträge und Zulagen) zu Rentenbeginn ungeschmälert zur Verfügung steht. Wie viel Geld zwischenzeitlich auf dem Vertrag liegt, ist bei solchen Policen daher unsicher – und hängt von der Entwicklung der Börse und vom Garantiefonds ab. Folge: Wer den Anbieter zwischenzeitlich wechseln oder aus anderen Gründen vorzeitig an das Geld will, dem kann es in schlechten Börsenzeiten durchaus passieren, dass das Guthaben im Minusbereich liegt. Kurz: Policen mit neuen Garantieformen bergen noch mehr Risiko als herkömmliche Riester-Fondspolicen. Ob sie auch mehr Ertrag bringen, hängt dagegen wiederum von der Qualität der Fonds, der Kapitalmarktentwicklung und der Kostenbelastung ab. Weil das Kapital zwischenzeitlich durchaus in die roten Zahlen rutschen kann, eignen sich solche Tarife deshalb nur für Sparer, die den Vertrag eisern durchhalten und vor Rentenbeginn nicht mehr an das Geld heranwollen.

Riester-Sparpläne von der Fondsbranche

Die höchste Rendite fürs Vorsorgesparen verspricht derzeit die Fondsbranche. Sie investiert Beiträge und Zulagen der Kunden in einen klassischen Fondssparplan. Die beiden wichtigsten Unterschiede zu nicht geförderten Fonds-Sparplänen: Riester-Verträge haben eine feste Laufzeit, mindestens bis zum 60. Lebensjahr des Vertragsnehmers. Sparer haben zudem keinen Einfluss auf die Fonds-auswahl. Die Fondsmischung stellt meist der jeweilige Anbieter zusammen. Vorsorgesparer können nur zwischen den verschiedenen Konzepten der einzelnen Anbieter wählen, die sich vor allem in der Höhe des Aktienfondsanteils – und damit in der Risikoklasse – unterscheiden.

Fondsmischung bestimmt Anbieter

Bei der »Fondsrente« steuern die Fondsmanager die Sparpläne üblicherweise nach dem Lebenszyklusmodell. Das Grundprinzip dabei: Je mehr Zeit bis zur Rente bleibt, desto höher ist der Aktienanteil am Depot. Das soll eine möglichst hohe Rendite bringen. Sobald der Ruhestand in greifbare Nähe rückt, wird das Kapital jedoch in Renten-fonds, Geldmarktfonds, offene Immobilienfonds oder spezielle Altersvorsorgefonds (AS-Fonds) umgeschichtet. Das soll die bis dahin erzielten Erträge sichern und zugleich Schutz davor bieten, dass Börsenturbulenzen just zu Rentenbeginn das angesparte Vermögen dezimieren.

Umschichtung nach Lebenszyklusmodell

Anders als bei Versicherungen bleibt das Vermögen aber auch nach Rentenbeginn zunächst in wertstabilen Renten-, Geldmarkt- oder offenen Immobilienfonds investiert. Die

Einmalige Kapitalentnahme bei Rentenbeginn

Auszahlung einer lebenslangen gleichbleibenden Monatsrente erfolgt zunächst auf Basis eines Auszahlplans, bevor sich dann ab dem 85. Lebensjahr eine lebenslange Rest-Rentenversicherung anschließt. Solche Auszahlpläne lassen üblicherweise auch eine einmalige Kapitalentnahme bei Rentenbeginn zu. Entsprechend den Fördervorschriften dürfen aber höchstens 30 Prozent des angesparten Guthabens in einer Summe entnommen werden (---> Seite 55), wenn die Förderung nicht verloren gehen soll.

Nur Mindestrente garantiert

Grundsätzlich müssen auch förderfähige Fondssparpläne die Zusage erfüllen, dass im Rentenalter alle eingezahlten Beiträge und Zulagen in voller Höhe zur Verfügung stehen. Für die Fondsrente gilt daher dasselbe wie für die Fondspolice: Sicher ist bei Rentenbeginn nur eine Mindestrente, die auf Basis der unverzinsten Summe aller Einzahlungen kalkuliert wird – und die daher unter dem Niveau der Garantierente von klassischen Rentenversicherungen oder Banksparplänen liegt. Denn eine garantierte Mindestverzinsung gibt es nicht. Dafür besteht die Chance, dass die Mindestrente durch üppige Fondserträge kräftig aufgepäppelt werden kann. Die Höhe des Ertrags ist jedoch ungewiss und hängt von der Kapitalmarktentwicklung sowie der Qualität des Anbieters und der Güte der Fonds ab.

Kosten entstehen bei förderfähigen Fondssparplänen durch Ausgabeaufschläge beim Kauf der Fonds sowie durch die fondsinternen Verwaltungs- und Depotgebühren. Hinzu kommen vielfach noch Gebühren für die Kontoführung, die zwischen zehn und 15 Euro im Jahr liegen. Das größte Manko dabei: Diese Kosten sind nicht für die gesamte Laufzeit des Vertrags festgeschrieben, sondern die meisten Anbieter behalten sich vor, sie bei Bedarf anpassen zu können.

Fonds bzw. Riester-Fondssparpläne mit hohem Aktien-anteil sind eher für jüngere risikofreudige Anleger geeig-net, weil hier ausreichend Zeit ist, vorübergehende Kurs-verluste wieder auszugleichen. Sparer in der Lebensmitte sollten dagegen Modelle mit ausgewogenem Mix aus Aktien- und Rentenfonds bevorzugen. Für ältere Vorsorge-sparer sind Riester-Fondssparpläne dagegen weniger geeignet. Denn üblicherweise offerieren die Anbieter dieser Zielgruppe vorwiegend Sparpläne mit Renten- und Geldmarktfonds. Das geht zulasten der Renditeerwartun-gen. Deshalb sind ältere Sparer mit Banksparplänen meist besser bedient. Das Gleiche gilt für Vorsorgesparer, die zwischenzeitlich Kapital für das Eigenheim entnehmen wollen. Weil das Guthaben von Fondssparplänen durch das Auf und Ab an der Börse zwischenzeitlich gemindert werden und schlimmstenfalls während der Laufzeit sogar in die roten Zahlen rutschen kann, eignen sich Fondsspar-pläne nicht für Entnahmen nach dem Wohn-Riester-Modell.

Alternative für jüngere und risikofreudige Anleger

Schritt für Schritt zum passenden Riester-Produkt

Private Altersvorsorge gibt es nicht von der Stange. Sie muss vielmehr auf die persönlichen Verhältnisse zuge-schnitten sein. Deshalb sollten Vorsorgesparer zunächst ihre eigene Risikoneigung prüfen sowie ihren finanziellen Bedarf im Alter ermitteln – und erst anhand dieser Krite-rien die passende Produktlinie für die private Zusatzrente auswählen. Den besten Anbieter findet man, indem ver-schiedene Angebote eingeholt und die jeweiligen Kosten, die in Aussicht gestellte Rendite sowie die einzelnen Ver-tragsbedingungen verglichen werden.

Risikoneigung und persönlicher Bedarf

Wenn Sicherheit Trumpf ist

Wer auf die Riester-Rente als Ergänzung der gesetzlichen
Altersrente existenziell angewiesen ist, beispielsweise
weil die Rente vom Staat wegen fehlender Beitragsjahre
ohnehin mager ausfallen wird, kann sich keine Experimente erlauben. Für den ist Sicherheit bei der Produktauswahl

Riester-Rentenpolice
oder Banksparpläne

Trumpf. Die höchste Garantierente sowie eine, wenn auch
bescheidene, dafür aber sichere Verzinsung aller eingezahlten Beiträge und Zulagen bieten förderfähige private
Rentenversicherungen oder Banksparpläne. Doch auch
hier gilt abzuwägen, welches Produkt im Einzelfall besser
passt.

Riester-Rentenpolicen sind vergleichsweise teuer. Insbesondere seit Anbietern erlaubt ist, die Abschlusskosten
auf fünf Jahre zu verteilen, beschweren sich immer mehr
Riester-Sparer bei der Aufsicht, weil von den Einzahlungen
der ersten Jahre nach Abzug der Kosten kaum etwas übrig bleibt. Banksparpläne sind deutlich kostengünstiger.
Außerdem bieten sie bislang annähernd gleich hohen
Ertrag wie klassische Riester-Rentenversicherungen. Das
bedeutet: In der Ansparphase winken Renditen von vier

Banksparpläne kosten-
günstig

bis fünf Prozent. Mittfünfziger, die nur noch wenige Jahre
bis zum Ruhestand haben, fahren deshalb mit einem kostengünstigen Banksparplan oft besser. Das gilt vor allem,
wenn der Sparplan mit einem festen Referenzzins und Zins
oder Bonus ausgestattet ist, sodass der Vorsorgesparer
die Höhe seiner späteren Rente schon vorab kalkulieren
kann. Kommen die Zinsen infolge der Finanzmarktkrise
weiter unter Druck, werden die Renditen zukünftig jedoch
sinken. Diese Entwicklung trifft aber Riester-Banksparpläne und -Rentenversicherungen gleichermaßen.

Jüngere und Beamte können mehr Risiko wagen

Wer dagegen bereits für das Alter vorsorgt, indem er beispielsweise sein Eigenheim zügig entschuldet oder eine Kapitallebensversicherung besitzt, kann bei der Riester-Rente durchaus etwas mehr Anlagerisiko wagen. Das Gleiche gilt für Beamte, die trotz aller Einschnitte bei der Beamtenpension im Alter meist ein besseres Versorgungsniveau erwarten dürfen als Sozialrentner. Aber auch jüngere Sparer sollten über Produkte nachdenken, die die höheren Ertragschancen der Kapitalmärkte nutzen. Denn bei langer Spardauer sinkt das Anlagerisiko erfahrungsgemäß. Für alle ertragsorientierten Sparer kommen daher fondsgebundene Riester-Rentenpolicen oder förderfähige Fondssparpläne in Betracht – wobei die Produktauswahl hier etwas mehr Mühe macht. Denn über den Anlageerfolg entscheiden bei beiden Produktlinien vor allem die Qualität der zur Auswahl stehenden Fonds sowie das jeweilige Anlagekonzept und die Vertragskosten (→ Seite 59).

Fondsgebundene Riester-Rentenpolice oder förderfähige Fondssparpläne

Der große Nachteil bei den meisten bislang angebotenen Fondssparplänen: Die Zusammenstellung und Steuerung des Fondsdepots für die Riester-Rente übernimmt grundsätzlich die jeweilige Fondsgesellschaft. Wer sein Depot selbst zusammenstellen möchte, wird deshalb bislang nur bei wenigen Anbietern von Fondssparplänen sowie bei Fondspolicen fündig. Ärgerlicherweise ist aber gerade bei derart flexiblen Anbietern die Fondsauswahl oft eng begrenzt. Aktive Vorsorgesparer müssen daher schon mit der Lupe suchen, um das optimale Angebot für eine Riester-Fondsrente zu finden.

Fondsgesellschaft bestimmt Depot

Hohe Kosten zehren am Ertrag

Darüber hinaus gilt für alle Riester-Fondsprodukte: Entscheidenden Einfluss auf die Höhe der späteren Rente haben vor allem die Kosten des Vertrags. Und die sind je nach Produkttyp und Anbieter höchst unterschiedlich. Grundsätzlich gilt: Am kostengünstigsten sind Banksparpläne. Rentenversicherungen sind etwas teurer, doch hier kommt es ganz auf den Anbieter an. Bei Fondssparplänen fallen neben den sichtbaren externen Kosten, wie Kontoführungsgebühren und Ausgabeaufschlag für den Fondskauf, auch noch fondsinterne Kosten an, die auf den ersten Blick gar nicht sichtbar sind. Neu am Markt sind zudem Fondssparpläne, bei denen die Abschlusskosten genau wie bei Versicherungen gleich von vornherein auf die Summe aller Beiträge bis Rentenbeginn kalkuliert und dann mit den Prämien der ersten fünf Jahre verrechnet werden. Das ist die teuerste Variante bei Fondssparplänen. Denn die Vorwegbelastung mit Kosten zehrt kräftig am Ertrag. Umgekehrt sind Riester-Fondssparpläne immer öfter auch bei Fondsvermittlern im Internet erhältlich – und zwar mit Rabatt auf den Ausgabeaufschlag, der vom jeweiligen Monatsbeitrag weggeht. Dieses Kostenmodell hebelt die Vertragsrendite kräftig nach oben. Bestes Beispiel: Die DWS-Top-Rente gibt es sowohl zu regulären Konditionen mit fünf Prozent Ausgabeaufschlag bei der Fondsgesellschaft oder am Bankschalter. Alternativ kann der Riester-Fondssparplan aber auch bei der DWS-Direkt im Internet mit einem Rabatt von 50 Prozent auf die Einstiegskosten erworben werden. Allein der Rabatt auf die Einstiegskosten führt – gemessen am Ertrag in den vergangenen sechs Jahren – zu einem Renditevorteil von bis zu einem Prozentpunkt pro Jahr.

Am teuersten sind allerdings Fondspolicen, an denen sowohl der Versicherer als auch die Fondsgesellschaften

Produkttyp und Anbieter bestimmen Kosten

Rabatt bei Fondsvermittlern im Internet

verdienen. Die besten Renditechancen für wagemutige Vorsorgesparer dürften daher Riester-Fondssparpläne bieten, die kostengünstig via Internet erworben, nach dem Lebenszyklusmodell gemanagt werden und zunächst einen hohen Aktienfondsanteil haben.

Vorsicht vor Fallstricken und Fußangeln im Vertrag

Kosten und Renditen bei planmäßigem Vertragsablauf sind aber nicht alles, worauf Vorsorgesparer achten müssen. Für die Auswahl des optimalen Angebots kommt es auch auf scheinbar unbedeutende Klauseln im Kleingedruckten der Verträge an. Hier die wichtigsten Fallstricke und Fußangeln – damit Sie wissen, worauf Sie vor Vertragsabschluss achten müssen:

Augenmerk auf Klauseln

- **Hinterbliebenenschutz:** Wer nicht nur für die Rente spart, sondern gleichzeitig seine Familie absichern will, sollte nachfragen, ob der Vertrag eine Hinterbliebenenabsicherung in der Anspar- und in der Rentenphase vorsieht. Das ist längst nicht bei allen Anbietern der Fall. Meist gibt es Todesfallleistungen in der Rentenphase nur als Zusatz zum Vertrag.
- **Invaliditätsrente:** Ähnlich sieht es auch mit einer ergänzenden Erwerbsunfähigkeitsabsicherung aus, die beispielsweise den Riester-Vertrag fortführt und den Vorsorgesparer bei Invalidität von der Beitragszahlung befreit.
- **Beitragsfreistellung:** Der Gesetzgeber schreibt zwar vor, dass der Vertrag jederzeit beitragsfrei gestellt werden kann. Doch einige Anbieter verlangen dafür hohe Zusatzkosten. Manche halten sogar die Hand auf, wenn der Sparer die Beitragszahlungen später wieder aufnehmen will. Bevorzugen Sie deshalb Anbieter, die keine Extrakosten berechnen und bei Beitragsfreistellung

auch die Verwaltungskosten für den ruhenden Vertrag kürzen.

- **Anbieterwechsel:** Laut Gesetz können Vorsorgesparer jederzeit mit Drei-Monats-Frist den Vertragspartner wechseln. Günstige Anbieter berechnen dafür nur einen fixen Betrag von 50 bis 100 Euro. Bei anderen wird der Wechsel im Lauf der Jahre immer teurer, weil ein prozentuales Entgelt auf das angesparte Guthaben erhoben wird. Andere knebeln ihre Kunden regelrecht, indem sie eine prozentuale Gebühr auf die Summe aller noch ausstehenden Beiträge erheben. Das ist nach Auffassung der Verbraucherzentralen unzulässig.

- **Zulagengutschrift:** Anspruch auf die Zulagen haben Vorsorgesparer, sobald sie die Gutschrift beantragt und die Zentrale Zulagenstelle für Altersvermögen (ZfA) bei der Deutschen Rentenversicherung Bund den Förderantrag geprüft hat. Doch während einige Anbieter die Zulagen sofort nach Zahlungseingang auf dem Kundenkonto gutschreiben, machen andere das erst im Folgemonat – oder der Zeitpunkt ist gar nicht geregelt. Das ist unzulässig. Achten Sie daher auf sofortige Zulagengutschrift. Andernfalls können Sie den Anbieter über die Verbraucherzentralen abmahnen lassen.

- **Immobilienförderung:** Riester-Sparer haben grundsätzlich das Recht, bis zu 75 oder 100 Prozent ihres angesparten Kapitals zinsfrei zur Finanzierung ihres Eigenheims zu entnehmen. Kundenfreundliche Anbieter berechnen dafür keine Extrakosten. Andere verlangen eine kleine Fixgebühr. Manche fordern jedoch glatt einen prozentualen Anteil vom Entnahmebetrag – was die Immobilienförderung meist unattraktiv macht. Meiden Sie solche Anbieter, falls Sie als Riester-Sparer den Kauf oder Bau einer Immobilie planen.

- **Vertragsänderungen:** Viele Anbieter behalten sich vor, einzelne Vertragsbestandteile wie Kosten, Kalkulation der Überschusserträge oder die Bedingungen für Kündigung und Beitragsfreistellung während der Laufzeit des

Riester-Vertrags jederzeit ändern zu können. Das kann sehr ärgerlich sein – beispielsweise wenn die Verwaltungskosten für Zulagen mit Jahresbeginn angehoben werden und der neue Gebührensatz gleich auf die Zulagen erhoben wird, die noch für das alte Jahr fließen. Die Verbraucherzentralen prüfen derzeit, ob und welche von diesen Vertragsklauseln überhaupt zulässig sind.

4
Vorsorge über den Betrieb

Neben der gesetzlichen Rente und der privaten Altersvorsorge sollen auch Betriebsrenten künftig eine größere Rolle in der Altersversorgung der Bundesbürger spielen. Deshalb fördert der Staat den Aufbau der sogenannten dritten Säule des Alterssicherungssystems seit 2002 mit Steuervorteilen und räumt Arbeitnehmern ein Recht auf eine zusätzliche Betriebsrente durch Entgeltumwandlung ein.

Entgeltumwandlung

Kleiner Gehaltsverzicht, große Rente

Abstriche am Gehalt quittieren Arbeitnehmer normalerweise mit Unwillen, innerer Kündigung oder Streik. Doch in der betrieblichen Altersversorgung gilt das nicht. Denn wer auf einen Teil seines Gehalts verzichtet, um es sich später als Betriebsrente auszahlen zu lassen, wird vom Staat mit der neuen Förderung für die zusätzliche Altersvorsorge belohnt. Mehr noch: War dieses Modell der Entgeltumwandlung früher überwiegend Führungskräften sowie außertariflich Beschäftigten vorbehalten, steht es nach dem Altersvermögensgesetz (AVmG) seit 2002 allen Arbeitnehmern offen: Seither wird Mitarbeitern ein individueller Anspruch auf Entgeltumwandlung eingeräumt.

Modell für alle Arbeitnehmer

Recht auf Betriebsrente

Gesetzlicher Anspruch

Nach § 1a des Betriebsrentengesetzes (BetrAVG) können Mitarbeiter von ihrem Chef – übrigens auch gegen seinen Willen – verlangen, einen Teil ihres Gehalts – und zwar bis zu vier Prozent der Beitragsbemessungsgrenze in der Rentenversicherung – für eine spätere Betriebsrente auf die hohe Kante zu legen. Das sind im Jahr 2009 maximal 2.592 Euro.

Um den Aufbau von Minirenten zu verhindern, wurde aber auch ein Mindestbetrag festgesetzt: So können Arbeitnehmer ihr Recht auf Entgeltumwandlung nur nutzen, wenn sie auf das Betriebsrentenkonto jährlich mindestens 189 Euro einzahlen (oder exakt: ein 160stel der monatlichen Bezugsgröße nach § 18 Abs. 1 SGB IV). Das müssen aber nicht nur Eigenbeiträge sein. Bei Nutzung der Riester-Förderung werden auch die Zulagen auf diesen Mindestbetrag angerechnet.

Mindestbetrag verpflichtend

Soweit bereits eine durch Entgeltumwandlung finanzierte betriebliche Altersversorgung besteht, werden geleistete Eigenbeiträge beim Rechtsanspruch auf Entgeltumwandlung angerechnet. Wer also beispielsweise bereits 1.000 Euro Gehalt für eine spätere Betriebsrente auf die hohe Kante legt, kann laut Gesetz derzeit lediglich fordern, diesen Betrag um weitere 1.592 Euro aufzustocken. Wenn der Arbeitgeber und die Tarifparteien mitspielen, sind auf freiwilliger Basis aber auch höhere Beiträge drin.

Nur mit Zustimmung der Tarifparteien

Die meisten Arbeitnehmer können die Chance auf eine selbst finanzierte Betriebsrente jedoch nur nutzen, sofern entsprechende Tariföffnungsklauseln dies zulassen. Denn bislang galt im Tarifrecht als ehernes Gesetz, dass Gehaltsansprüche grundsätzlich bar auszuzahlen sind. Auch das Betriebsrentengesetz stellt die Entgeltumwandlung unter »Tarifvorbehalt«. Das bedeutet: Gewerkschaftsmitglieder sowie alle Beschäftigten, für die ein allgemein verbindlicher Tarifvertrag gilt, können nur wirksam auf Gehalt verzichten, soweit dies durch Tarifverträge oder Betriebsvereinbarungen abgesegnet wird. Einzige Ausnahme: »Über- oder außertarifliche« Gehaltsbestandteile können auch ohne Zustimmung der Tarifparteien zur Ent-

Tarifvorbehalt für Entgeltumwandlung

geltumwandlung genutzt werden. Das Gleiche gilt, wenn Arbeitnehmer sich entscheiden, Teile ihres Nettogehalts für eine Betriebsrente einzusetzen und Arbeitgeber ihnen hierfür ein betriebliches Riester-Modell offerieren.

Wenn es um die Altersvorsorge geht, zeigen sich die Gewerkschaften aber gern flexibel. Mittlerweile sind nahezu in allen Branchen Tarifverträge zur Entgeltumwandlung geschlossen oder an die neue gesetzliche Regelung angepasst worden.

Was kann umgewandelt werden?

Gehaltsbestandteile durch Tarifvertrag festgelegt

Welche Gehaltsbestandteile für eine Betriebsrente umgewandelt werden können, regelt der jeweilige Tarifvertrag. Üblicherweise können Sonderzahlungen, wie Urlaubs- oder Weihnachtsgeld, dafür genutzt werden. Auch bei vermögenswirksamen Leistungen (VL) haben Mitarbeiter vielfach die freie Wahl, ob sie die VL-Beiträge des Arbeitgebers zur Vermögensbildung oder für die neue geförderte Altersvorsorge nutzen. Entgeltumwandlung aus dem laufenden Monatsgehalt sehen vor allem Altersvorsorge-Tarifverträge jüngeren Datums vor.

Das Geld kann theoretisch in alle Vorsorgemodelle fließen, die nach dem Betriebsrentengesetz (BetrAVG) zulässig sind. Zur Auswahl stehen daher eine Direktzusage vom Betrieb, eine Unterstützungskasse, eine Pensionskasse, eine Direktversicherung oder Pensionsfonds.

Sofern der Tarifvertrag kein Modell vorschreibt, müssen sich Arbeitgeber und Arbeitnehmer einigen, wie und wo die Entgeltumwandlung durchgeführt werden soll und diese Entscheidung per Einzelvertrag oder Betriebsvereinbarung festhalten. Dabei können die Mitarbeiter durchaus verlangen, dass ihnen eine Betriebsrente angeboten wird, für die es auch Riester-Zulagen gibt. Bietet die Firma daraufhin eine Pensionskasse oder einen Pensionsfonds an, müssen sie dieses Modell akzeptieren. Wenn nicht, können sie zumindest auf Abschluss einer Direktversicherung bestehen.

Anspruch auf Riester-fähige Betriebsrente

Fünf Wege zur Betriebsrente

Es gibt fünf gesetzlich zugelassene Vorsorgemodelle für Betriebsrenten, die auch für die Entgeltumwandlung zur Auswahl stehen. Im Fachjargon werden sie »Durchführungswege« genannt, weil sie nur die groben Rahmenbedingungen für die Geldanlage regeln, aber noch nichts über die konkrete Anlageform oder die Höhe der angebotenen Rente aussagen. Solche Feinheiten hängen von den Anlagen oder Produkten ab, in die das jeweilige Versorgungswerk investiert, bzw. vom Angebot, das der Arbeitgeber seinen Mitarbeitern macht.

Direkt- oder Pensionszusage

Bei der Pensionszusage verpflichtet sich die Firma, ihren Mitarbeitern nach der Pensionierung eine Rente zu zahlen – und haftet dafür mit ihrem Betriebsvermögen. Zur Finanzierung bildet der Betrieb Rückstellungen in der Bilanz, die seinen Gewinn schmälern und ihm in der Ansparphase Steuerersparnisse bringen. In der Auszahlphase werden die Rückstellungen schrittweise aufgelöst und die Renten entweder aus laufendem Geschäftsbetrieb oder den dafür vorgesehenen Vermögensanlagen finanziert.

Haftung mit Betriebsvermögen

Da es für Direktzusagen weder eine staatliche Aufsicht noch Anlagevorschriften gibt, kann der Arbeitgeber über die Geldanlage frei entscheiden: Die Mittel können innerhalb der eigenen Firma investiert werden, aber auch als

Beiträge in eine Lebensversicherung fließen (sogenannte Rückdeckungsversicherung) oder mittels Investmentfonds an der Börse angelegt werden.

Konkursabsicherung Für Arbeitnehmer liegt das größte Risiko einer Direkt- zusage darin, dass der Betrieb pleitegeht. Deshalb muss der Arbeitgeber die Ansprüche seiner Mitarbeiter auf Betriebsrenten beim Pensions-Sicherungsverein (PSV) ge- gen Konkurs absichern. Die Beiträge dafür trägt allein der Arbeitgeber.

Unterstützungskassen

Auch bei der Unterstützungskasse haftet allein der Betrieb für die spätere Rente. Nur wickelt die Firma die Altersver- sorgung hier nicht selbst ab, sondern sie beauftragt statt- dessen eine externe Unterstützungskasse – kurz U-Kasse genannt – damit. U-Kassen sind daher im Grunde nur der »verlängerte Arm« des Arbeitgebers, und dieser hat einzu- springen, wenn die Kassenmittel nicht ausreichen, um die versprochenen Renten zu zahlen.

Selbstständige Versor- gungseinrichtungen Rechtlich sind U-Kassen selbstständige Versorgungs- einrichtungen, die einem oder mehreren Unternehmen derselben Branche gehören. Auch sie unterliegen weder einer staatlichen Aufsicht noch haben sie spezielle Anla- gevorschriften zu beachten. Eine sogenannte nicht rück- gedeckte U-Kasse kann die Gelder daher am Kapitalmarkt anlegen, dem Arbeitgeber einen Teil davon als verzins- liches Darlehen zur Verfügung stellen oder das Geld in Investmentfonds investieren.

Die meisten U-Kassen schließen jedoch eine Lebens- versicherung ab, die für die Betriebsrenten später auf- kommt (rückgedeckte U-Kasse). Zusätzlich sorgt der Gesetzgeber für Insolvenzschutz: Der Arbeitgeber muss –

wie bei der Direktzusage – alle Rentenansprüche über den Pensions-Sicherungsverein absichern.

Direktversicherung
Vor allem kleinere Unternehmen wickeln die betriebliche Altersversorgung gern über Direktversicherungen ab. Dabei schließt das Unternehmen per Einzel- oder Gruppen-vertrag eine Rentenversicherung zugunsten seiner Mitar-beiter ab. Bezugsberechtigt sind der Arbeitnehmer und je nach Vertrag seine Hinterbliebenen.

Das Modell ist bequem. Arbeitgeber müssen lediglich die Beiträge überweisen – alles Weitere erledigt die Versiche-rung. Sie zahlt später auch die Renten, und zwar vorzugs-weise als lebenslange Monatsrente. Je nach Vertrag und Förderweg ist aber wahlweise auch eine einmalige Kapital-abfindung zu Rentenbeginn erlaubt. Arbeitnehmer können die Police bei einem Arbeitgeberwechsel zudem oft prob-lemlos mitnehmen oder den Vertrag bei Ausscheiden aus dem Betrieb mit eigenen Mitteln fortführen.

Mitnahme bei Arbeit-geberwechsel

Direktversicherungen unterliegen der staatlichen Kontrolle durch die Bundesanstalt für Finanzdienstleistungsauf-sicht (BaFin) sowie den strengen Anlagevorschriften für Versicherungen. Seit Einführung des staatlichen Siche-rungsfonds für Versicherungen im Jahr 2005 sind die ga-rantierten Leistungen von Direktversicherungen zudem bei Zahlungsunfähigkeit des Versicherers geschützt. Das gilt zumindest für deutsche Versicherungen. Wird der Vertrag über ausländische Anbieter abgewickelt, kommt es auf das Sicherungssystem in dessen Heimatland an bzw. ob dieser Anbieter Mitglied des deutschen Sicherungsfonds ist. Ein zusätzlicher Insolvenzschutz für den Arbeitgeber ist jeden-falls nicht vorgeschrieben.

Insolvenzschutz für garantierte Leistungen

Produkte für die Direktversicherung

Dennoch bleiben auch bei Direktversicherungen gewisse Risiken. Geschützt sind in Krisenfällen nur die garantierten Leistungen, nicht aber die versprochenen Überschussrenditen. Wie bei der Privatvorsorge kommt es deshalb auch bei der betrieblichen Altersvorsorge auf die Auswahl eines dauerhaft leistungsstarken Versicherungsunternehmens an. Das gilt umso mehr, als nicht nur klassische Rentenpolicen als Direktversicherung angeboten werden. Infolge der Änderungen im Betriebsrentengesetz können Arbeitgeber ihren Mitarbeitern auch fondsgebundene Varianten solcher Policen offerieren, bei denen lediglich der Erhalt der eingezahlten Beiträge, jedoch keine Verzinsung und keine jährliche Erhöhung der späteren Rente gesichert ist. Deshalb sollten Arbeitnehmer vor Abschluss einer Direktversicherung immer prüfen, ob die angebotene Police ihren Anlagezielen und ihrer persönlichen Risikoneigung entspricht.

Pensionskassen

Pensionskassen funktionieren wie Direktversicherungen – nur handelt es sich bei der Pensionskasse um ein Versicherungsunternehmen, das von der jeweiligen Firma oder überbetrieblich von einem oder mehreren Arbeitgebern gegründet wurde und nur deren Mitarbeitern offensteht. Seit Einführung des AVmG haben aber auch viele Lebensversicherer eigene Pensionskassen gegründet, die bundesweit für alle Unternehmen zugänglich sind.

Rechtsform bestimmt Mitgliedsstatus

Grundsätzlich unterliegen Pensionskassen den strengen Vorschriften des Versicherungsaufsichtsgesetzes (VAG); auf PSV-Absicherung wird daher verzichtet. Bei Pensionskassen in Rechtsform eines Versicherungsvereins auf Gegenseitigkeit (VVaG) können Arbeitnehmer Mitglied in der jeweiligen Pensionskasse werden – und so über die Geschicke ihrer Betriebsrente mitbestimmen. Bei Pensionskassen in Rechtsform einer Aktiengesellschaft kommt Arbeitnehmern dagegen nur die passive Rolle des Versicherten zu. In beiden Fällen können sie die Verträge jedoch mit eigenen Beiträgen fortführen, wenn sie den Arbeitgeber wechseln oder aus anderen Gründen aus dem Betrieb ausscheiden.

Bislang investieren Pensionskassen genau wie beispielsweise private Rentenversicherungen in einen konservativen Anlagemix aus Zinspapieren und bis zu maximal 35 Prozent Aktien. Zugleich sichern sie eine Mindestverzinsung der Vorsorgegelder zu. Da für Pensionskassen allerdings kein einheitlicher Garantiezins vorgeschrieben ist, kann der Mindestzins je nach Kasse zwischen 2,25 bis 3,25 Prozent betragen – was zu erheblich unterschiedlichen Garantieleistungen führt. Für die Beurteilung der Qualität des Angebots kommt es aber nicht nur auf das Preis-Leistungs-Verhältnis an. Genauso wichtig ist, ob es sich um eine leistungsstarke Pensionskasse handelt, die die versprochene Rente auch dauerhaft erwirtschaften kann. Das gilt umso mehr, als für Pensionskassen die Mitgliedschaft im staatlichen Sicherungsfonds für Versicherungen keinesfalls vorgeschrieben ist. Sie können allenfalls auf freiwilliger Basis Mitglied werden. Pensionskassen in Rechtsform einer regulierten VVaG ist nicht einmal das möglich. Denn die Versicherungsbranche hat die Aufnahmekriterien für die Kassen selbst festgelegt – und regulierten Kassen, die vergleichsweise günstig kalkulieren und ohne Vertrieb auskommen, den Zutritt von vornherein verwehrt. Im Zweifel sollte sich deshalb der Arbeitgeber nachweisen lassen, dass die Kassenmittel dauerhaft ausreichen, um die versprochenen Renten zu finanzieren.

Preis-Leistungs-Verhältnis prüfen

Allerdings erlaubt das Betriebsrentengesetz auch den Pensionskassen, Tarife anzubieten, bei denen nur der Kapitalerhalt, aber kein Mindestzins und keine fortlaufende Rentenerhöhung garantiert sind. Sofern Mitarbeiter die freie Wahl zwischen solchen Tarifen haben, sollten sie daher genau wie bei der Privatvorsorge oder der Direktversicherung prüfen, welcher Tarif zu ihren Vorsorgewünschen passt.

Pensionsfonds

Pensionsfonds sind mit der Rentenreform 2001 als fünftes Betriebsrentenmodell eingeführt worden. Sie unterliegen zwar der Aufsicht durch die BaFin, als rechtlich selbstständige Versorgungseinrichtung können die Fonds die Vorsorgegelder jedoch verstärkt an der Börse anlegen. Das verspricht eine deutlich höhere Rendite, als sie herkömmliche Betriebsrentenmodelle bieten, birgt aber auch höhere Anlagerisiken. Denn die Fonds sind in der Auswahl ihrer Geldanlagen – so sehen es die Anlagevorschriften vor – völlig frei. Somit können Pensionsfonds das ihnen anvertraute Geld – zumindest theoretisch – zu 100 Prozent in Aktien anlegen, aber auch Anleihen, Immobilien oder Genussrechte kaufen und dabei sogar bis zu 30 Prozent des Vermögens in Fremdwährungen investieren.

Freie Anlageauswahl birgt Risiken

Pensionsfondsmanager haben daher alle Möglichkeiten, die Renditechancen der Kapitalmärkte zu nutzen. Sofern der Fonds selbst eine Garantie für einzelne Leistungen gibt, müssen sie die dafür erforderlichen Mittel aber nach den gleichen strengen Vorschriften wie für Direktversicherungen und private Renten anlegen. Bei Tarifen zur Entgeltumwandlung werden die Anlagefreiheiten daher nur in begrenztem Umfang genutzt. Um etwaige Anlagerisiken frühzeitig aufzudecken, werden Pensionsfonds – genau wie Direktversicherungen und Pensionskassen – regelmäßig sogenannten Stresstests unterworfen. Dabei wird geprüft, ob die Kapitalanlagen zur Deckung der Rentenverpflichtungen noch ausreichen – beispielsweise wenn die Börse absackt. Falls nicht, kann die Aufsichtsbehörde regulierend eingreifen. Zusätzlich muss der Arbeitgeber

Stresstest für Deckungszusage

So wird das Geld bei Betriebsrenten angelegt

Durchführungswege	Direktzusage	U-Kasse	Direktversicherung	Pensionskasse	Pensionsfonds
Aufsicht	■ keine Anlagevorschriften ■ keine gesetzliche Aufsicht	■ keine Anlagevorschriften ■ keine gesetzliche Aufsicht	■ unterliegt der Aufsicht durch die BaFin und den Anlagevorschriften des VAG	■ unterliegt der Aufsicht durch die BaFin und den Anlagevorschriften des VAG	■ unterliegt der Aufsicht durch die BaFin, aber freizügige Anlagevorschriften
Haftung/Absicherung	■ Betrieb haftet voll ■ Absicherung durch PSV	■ Betrieb haftet voll ■ Absicherung durch PSV	■ Leistungsrisiko liegt beim Versicherer ■ keine PSV-Absicherung	■ Leistungsrisiko liegt bei Pensionskasse ■ keine PSV-Absicherung	■ Leistungsrisiko beim Arbeitgeber, aber nur bis zur Höhe der Leistungszusage ■ Absicherung durch PSV
Leistung wie					
Kapitallebensversicherung	ja	ja	nein [1]	nein [1]	nein
Fonds-Police	ja	nein	nein [1]	nein [1]	nein
Rentenpolice	ja	ja	ja [2]	ja [2]	ja
Fonds-Rentenpolice	ja	nein	ja [2]	ja [2]	ja
Investmentfonds-Auszahlplan	ja	ja (U-Kasse ohne Rückdeckung)	nein	nein	ja
Auszahlung:					
■ als Kapitalsumme	ja	ja	nein [3]	nein [3]	nein
■ als Rente	ja	ja	ja	ja	ja

1) nur bei Altverträgen mit Pauschalsteuer nach § 40b EStG möglich
2) förderfähig nach § 10 a EStG sind nur Produkte, die den Anforderungen des AVmG ertsprechen
3) nur bei Altmodellen zulässig oder als Option zu Rentenbeginn

die Rentenansprüche seiner Mitarbeiter beim Pensionsfonds über den Pensions-Sicherungsverein für den Fall der
Insolvenz absichern. Die Insolvenzsicherung ist aber auf
20 Prozent der zugesagten Rentenleistung begrenzt. Der
Rest, so die Meinung des Gesetzgebers, wird auf jeden Fall
durch die Kapitalanlagen des Pensionsfonds gedeckt.

Die Qual der Wahl

Die meisten Pensionsfonds schöpfen ihre Anlagefreiheiten in der Praxis nicht aus. Denn auch sie unterliegen in
vollem Umfang den Schutzvorschriften des BetrAVG. Und
das wiederum verpflichtet die Arbeitgeber, mindestens
für die Summe der eingezahlten Beiträge einzustehen.
Würde der Pensionsfonds daher Verluste machen, müsste
der Arbeitgeber sie bis zur Höhe der eingezahlten Beiträge
ausgleichen.

Verlustausgleich durch Arbeitgeber

Um die Betriebe von solchen Haftungsansprüchen frei-
zustellen, begrenzen die meisten der Pensionsfonds die
Aktienquote auf 50 bis 70 Prozent. Darüber hinaus kaufen
sie oft zusätzlichen Versicherungsschutz ein, um die Bei-
tragsgarantie abzudecken. Dennoch sind Pensionsfonds
für Arbeitnehmer nicht ohne Risiko. Denn eine unzurei-
chende Verzinsung der eingezahlten Beiträge, und damit
ein Realverlust aufgrund steigender Lebenshaltungskosten, geht allein zulasten der Arbeitnehmer – genau wie
bei fondsgebundenen Tarifen von Direktversicherungen
oder Pensionskassen! Die meisten Pensionsfonds bieten
deshalb Tarife mit unterschiedlichen Risikoklassen an,
zwischen denen Arbeitnehmer wählen können, um diese
Gefahren zu minimieren. Ob diese Tarife ein besseres
Preis-Leistungs-Verhältnis bieten als vergleichbare Direktversicherungen oder Pensionskassen, wird sich aber noch

Realverluste zulasten der Arbeitnehmer

zeigen müssen. Bislang gibt es dazu noch keine tiefer ge-
henden Untersuchungen.

Im Gegensatz zu allen anderen Versorgungswerken sind
Pensionsfonds verpflichtet, die spätere Betriebsrente
ausschließlich in Form einer lebenslangen Altersrente
auszuzahlen. Einmalige Kapitalabfindungen bei Erreichen
des Pensionsalters sind unzulässig. Einzige Ausnahme:
Wenn der Pensionsfonds die spätere Betriebsrente in Form
von Auszahlplänen erbringt, können – wie bei privaten
Riester-Verträgen mit Auszahlplan – bis zu 30 Prozent des
angesparten Kapitals als Einmalzahlung bei Rentenbeginn
ausgezahlt werden.

Auszahlung als lebens-lange Rente

So viel garantiert der Arbeitgeber

Wie viel Rente Mitarbeitern im Alter sicher ist, hängt in der
betrieblichen Altersversorgung nicht allein vom Versorgungswerk ab. Großen Einfluss hat auch die Versorgungszusage des Arbeitgebers. Denn gleichgültig, welchen
Durchführungsweg das Unternehmen wählt: Kann das Versorgungswerk die versprochenen Leistungen nicht erbringen, ist letztlich der Betrieb in der Pflicht. Er muss diese
notfalls aus eigenen Mitteln aufstocken, und zwar bis zur
Höhe der von ihm erteilten Versorgungszusage.

Zusageformen
Bei der klassischen, allein vom Arbeitgeber finanzierten
Betriebsrente ist es bislang üblich, den Mitarbeitern
eine – schon vorab kalkulierbare – Rente für das Alter
zuzusagen. Wie hoch sie ausfällt, ist bei dieser sogenannten Leistungszusage von Fall zu Fall unterschiedlich und
richtet sich auch nach der Finanzkraft des Arbeitgebers.
Üblich sind folgende Berechnungsvarianten: Entweder
bekommen Arbeitnehmer pro Jahr ihrer Betriebszugehö-

Berechnungsvarianten für Leistungszusage

rigkeit einen festen Betrag als Rente oder der Arbeitgeber gewährt pro Jahr Betriebszugehörigkeit einen bestimmten Prozentsatz vom Einkommen als Rente, zum Beispiel 0,5 Prozent vom jährlichen Bruttogehalt. Wie viel das in Euro und Cent ausmacht, hängt dann nicht nur von der Dauer der Betriebszugehörigkeit, sondern auch von der Gehaltsentwicklung ab.

Ermittlung von Rentenbausteinen

Bereits 1999 sind im Betriebsrentengesetz sogenannte beitragsorientierte Leistungszusagen eingeführt worden. Dabei legt der Betrieb zunächst lediglich fest, wie viel Geld er pro Mitarbeiter für die Betriebsrente aufwenden will. Anschließend wird dieser Betrag – mithilfe finanzmathematischer Tabellen und einem kalkulatorischen Mindestzins – in einen Rentenbaustein umgerechnet. Die spätere Rente des Mitarbeiters ergibt sich dann aus der Summe

Rentenanpassung

Damit die ständige Geldentwertung nicht an der Kaufkraft der Betriebsrente nagt, müssen die laufenden Betriebsrenten alle drei Jahre an die Steigerung der Lebenshaltungskosten angeglichen werden. Alternativ kann sich das Unternehmen auch verpflichten, laufende Betriebsrenten jedes Jahr automatisch um ein Prozent zu erhöhen. Wird die Betriebsrente über einen versicherungsförmigen Durchführungsweg, wie Direktversicherung oder Pensionskasse, durchgeführt, kann aber auch vereinbart werden, dass die erwirtschafteten Überschusserträge ausschließlich zur Rentenerhöhung genutzt werden. Dann muss nicht länger die Firma für die Rentenerhöhung geradestehen.

Bei einer Beitragszusage mit Mindestleistung ist der Arbeitgeber dagegen von vornherein nicht verpflichtet, die späteren Renten zu erhöhen. Hier kommt es ganz auf den Tarif und die Leistungskraft des Versorgungswerks an, ob und wie viel Rentenerhöhung es später gibt.

der Rentenbausteine, die er während der Dauer seiner Betriebszugehörigkeit insgesamt erhalten hat.

Beitragszusage mit Mindestleistung
Mit der Rentenreform 2001 kam die Beitragszusage mit Mindestleistung als Zusageform hinzu: Dabei verpflichtet sich der Arbeitgeber lediglich, Beiträge zur Finanzierung der Betriebsrente an das jeweilige Versorgungswerk abzuführen.

Wie hoch die Betriebsrente später ausfällt, ist bei dieser Zusageform daher nicht länger Sache des Arbeitgebers, sondern hängt vom Anlageerfolg des ausgewählten Versorgungswerks ab.

Das bedeutet in der Praxis: Das Risiko einer unzureichenden Verzinsung der Beiträge trägt allein der Arbeitnehmer. Und zwar nicht nur in der Anspar-, sondern auch in der Rentenphase. Denn der Arbeitgeber braucht sich bei der Beitragszusage mit Mindestleistung später auch nicht um jährliche Rentenerhöhungen zu kümmern. Er muss lediglich dafür sorgen, dass bei Rentenbeginn mindestens die Summe der eingezahlten Beiträge als »garantierte Mindestleistung« zur Verfügung steht. Ist mit der Betriebsrente auch eine Hinterbliebenenabsicherung oder ein Erwerbsunfähigkeitsschutz verbunden, darf der Arbeitgeber die Kosten dafür von der garantierten Mindestleistung abziehen!

Risiko unzureichender Verzinsung trägt Arbeitnehmer

Wie sicher und rentabel die Betriebsrente ist und ob sie die bessere Alternative zur Privatvorsorge darstellt, hängt bei dieser Zusageform daher einzig und allein davon ab, welche Produkte das Versorgungswerk anbietet. Genau wie bei der Privatvorsorge müssen Mitarbeiter dann wählen, ob und welches angebotene Produkt zu ihrer Anlagestrategie passt.

Diese Zusageform ist aber nicht bei allen Durchführungs-
wegen zulässig, sondern nur bei

■ der Direktversicherung,
■ der Pensionskasse
■ oder den Pensionsfonds.

So fördert der Staat die betriebliche Vorsorge

Verzichten Mitarbeiter zugunsten einer späteren Betriebsrente auf Teile ihres Gehalts, haben sie nicht nur die Wahl
zwischen verschiedenen Betriebsrentenmodellen. Sie

Vier Förderwege

können zusätzlich auch noch zwischen vier verschiedenen
Förderwegen wählen, die zum Teil sogar miteinander kombiniert werden können. Das sind:

■ die betriebliche Riester-Förderung,
■ die steuerfreie Bruttolohnumwandlung,
■ die Förderung in Form der Rürup-Rente
■ und – sofern der Vertrag schon vor 2005 abgeschlossen
   wurde – die pauschal versteuerte Entgeltumwandlung.

Das klingt kompliziert. Doch die Entscheidung lässt sich
relativ einfach treffen, wenn zunächst der optimale Förderweg ausgelotet wird. Denn jedes Fördermodell bietet andere Vorteile. Sofern der jeweilige Tarifvertrag die Auswahl
nicht von vornherein begrenzt, sollten Arbeitnehmer daher
genau prüfen, welcher Förderweg in ihrem Fall günstiger
kommt.

Entgeltumwandlung mit Riester-Förderung

Die Gehaltsumwandlung à la Riester funktioniert im Prinzip genau wie die Privatvorsorge: Die Beiträge müssen zunächst aus dem Nettoeinkommen auf das Betriebsrenten-

konto gezahlt werden. Etwaige Steuervorteile gibt es erst mit der nachfolgenden Steuererklärung zurück. Und auch die Höhe der geförderten Beitragszahlung ist begrenzt: Seit 2008 beträgt der Förderhöchstbetrag maximal 2.100 Euro im Jahr.

Die Formalitäten zur Beantragung der Zulagen übernimmt bei Entgeltumwandlung allerdings der Arbeitgeber oder das jeweilige Versorgungswerk. Zudem kann die Firma bei allen Anbietern Riester-fähiger Vorsorgeprodukte meist günstigere Vertragskonditionen für ihre Belegschaft aushandeln, als sie der Einzelne bei privater Vorsorge erhält.

Günstigere Vertrags-konditionen

Betriebsrentenmodelle nicht für jeden sinnvoll
Die Riester-Förderung gibt es aber nicht für alle Durchführungswege, sondern nur wenn die Entgeltumwandlung über eine

- Direktversicherung,
- Pensionskasse
- oder einen Pensionsfonds

abgewickelt wird. Außerdem kann der Förderhöchstbetrag nur einmal in Anspruch genommen werden. Wer ihn bereits privat ausschöpft, kann ihn daher nicht noch einmal betrieblich nutzen – und umgekehrt!

Wichtig: Bei Nutzung der betrieblichen Riester-Förderung müssen Arbeitnehmer derzeit allerdings einen gravierenden Nachteil einkalkulieren. Denn die spätere Betriebsrente ist – genau wie die private Riester-Rente – nicht nur voll steuerpflichtig, sondern auch in voller Höhe sozialabgabenpflichtig. Das heißt: Wer gesetzlich krankenversichert ist, muss Kranken- und Pflegeversicherungsbeiträge auf seine Betriebsrente zahlen – und zwar den vollen Arbeitnehmer- *und* Arbeitgeberbeitrag. Das sind 2009 im Minimum 17,45 Prozent. Das gilt allerdings nicht nur für die betriebliche Riester-Rente, sondern generell für alle Be-

Sozialabgabenpflicht für Riester-geförderte Betriebsrente

> **Beispiel**
>
> Wandelt ein Arbeitnehmer mit Kind und mit einem Jahresgehalt von 30.000 Euro einen Betrag von 2.100 Euro steuerfrei in eine Betriebsrente um, würde er dadurch auf Basis des Steuertarifs 2008 rund 1.069,23 Euro an Steuern und Sozialabgaben sparen. Netto müsste er daher lediglich auf 1.030,77 Euro Gehalt verzichten. Bei Entgeltumwandlung mit Riester-Förderung beträgt der Zuschuss vom Staat dagegen maximal 339 Euro an staatlichen Zulagen plus 298,42 Euro Steuerersparnis. Das macht glatt 1.462,58 Euro Eigenanteil.

Private Riester-Verträge sozial-abgabenfrei

triebsrenten. Private Riester-Verträge sind dagegen bislang sozialabgabenfrei. Das ist ein dickes Plus, das selbst durch Sonderkonditionen betrieblicher Riester-Verträge und damit verbundene höhere Rentenleistungen kaum ausgeglichen werden kann. Wer gesetzlich krankenversichert ist und von vornherein weiß, dass er die Riester-Förderung nutzen will, entscheidet sich nach derzeitiger Rechtslage daher besser für einen privaten Zulagenvertrag.

Steuerfreie Entgeltumwandlung

Beitragsbemessungs-grenze

Verzichten Arbeitnehmer zugunsten einer Betriebsrente auf die Auszahlung eines Teils ihres Bruttogehalts, können sie ihr Recht auf Entgeltumwandlung gleich von Anfang an voll ausschöpfen und bis zu vier Prozent der Beitragsbemessungsgrenze Rentenversicherung oder umgerechnet 2.592 Euro (2009) steuer- und sozialabgabenfrei auf das Betriebsrentenkonto zahlen. Falls der Arbeitgeber sowie der Tarifvertrag mitspielen, können nach dem Alterseinkünftegesetz sogar weitere 1.800 Euro steuerfrei auf das Betriebsrentenkonto fließen. Aber Achtung: Der zusätzliche Festbetrag von 1.800 Euro ist zwar steuer-, aber nicht sozialversicherungsfrei. Außerdem können ihn nur Arbeit-

nehmer nutzen, die keine pauschal versteuerte Betriebsrente (⸱⸱⸱⸳ Seite 96) aus früheren Jahren mehr fortführen.

Das große Plus der steuerfreien Entgeltumwandlung: Weil
ein Teil des Bruttogehalts auf das Betriebsrentenkonto
fließt, steht in der Ansparphase nicht nur mehr Geld für
den Kapitalaufbau zur Verfügung. Zugleich fällt der Gehaltsverzicht netto deutlich weniger ins Gewicht. Denn ein
Großteil des Vorsorgeaufwands wird aus der Ersparnis bei
den Steuern und Sozialabgaben finanziert.

Auch später können bei steuerfreier Entgeltumwandlung
höhere Beiträge in die Betriebsrente fließen als bei der
Zulagenförderung. Denn der förderfähige Höchstbetrag
für die Entgeltumwandlung steigt von Jahr zu Jahr mit der
Beitragsbemessungsgrenze. Wer wirklich etwas für seine zusätzliche Altersvorsorge tun will und kann, hat bei
diesem Förderweg daher deutlich bessere Möglichkeiten
als bei Nutzung der Riester-Förderung. Allerdings ist die
spätere Betriebsrente nicht nur steuerpflichtig. Wer in der
gesetzlichen Krankenversicherung pflichtversichert ist,
muss darauf auch den vollen Kranken- und Pflegeversicherungsbeitrag zahlen (⸱⸱⸱⸳ Seite 89). Jeder sollte daher für
sich ganz persönlich prüfen, ob die hohe Förderung in der   **Hohe Förderung in**
Ansparphase sowie ein kostengünstiges betriebliches Ver-   **Ansparphase**
sorgungswerk diesen Nachteil wirklich ausgleichen.

Freie Auswahl bei den Durchführungswegen
Die steuerfreie Entgeltumwandlung kann für alle Betriebs-
rentenformen genutzt werden. Lukrativ ist dieser Förderweg vor allem, wenn der Betrieb die Entgeltumwandlung
zusätzlich mit Eigenmitteln fördert – wie in vielen Tarif-
verträgen vorgesehen. Aber auch eine Pensionszusage
vom Betrieb oder das Angebot, die Gelder durch eine Unterstützungskasse verwalten zu lassen, kann sich lohnen.
Denn steuerlich wird bei diesen beiden Durchführungs-

wegen sogar eine Entgeltumwandlung in unbegrenzter
Höhe akzeptiert! Außerdem muss der Arbeitgeber hier
nicht nur den Erhalt der eingezahlten Beiträge garantieren,
sondern auch deren feste Mindestverzinsung und später
eine regelmäßige Rentenerhöhung zusagen!

Abstriche bei Kranken- und Arbeitslosengeld einkalkulieren
Die steuerfreie Entgeltumwandlung ist zweifelsohne
attraktiv. Sie hat aber auch Auswirkungen auf die gesetzliche Rente sowie auf die Höhe der Ansprüche auf Kran-
ken- oder Arbeitslosengeld: Diese Lohnersatzleistungen
werden grundsätzlich nur auf Basis des abgabenpflich-
tigen Gehalts berechnet! Solange ein Teil des Gehalts
sozialabgabenfrei auf das Betriebsrentenkonto fließt,
gibt es deshalb im Ernstfall etwas weniger Kranken- oder
Arbeitslosengeld als bei Entgeltumwandlung mit Riester-
Zulage! Das sollten vor allem Familien bei der Wahl des
Förderweges bedenken!

Und da infolge der Bruttolohnumwandlung auch weniger
Beitrag auf das staatliche Rentenkonto fließt, fällt auch die
Rente vom Staat einen Tick niedriger aus. Die Schmälerung
der gesetzlichen Rente ist allerdings minimal und kann im
Grunde vernachlässigt werden. Eine gute Betriebsrente
gleicht das locker aus!

Abschläge bei Alters-
teilzeit

Nachteilig kann sich dieser Förderweg jedoch bei Altersteilzeit auswirken. Denn durch die Entgeltumwandlung
sinkt das sozialversicherungspflichtige Gehalt. Dieses
dient aber als Berechnungsgrundlage für die Höhe der
steuer- und sozialabgabenfreien Aufstockungsleistungen.
Insofern schmälert die Entgeltumwandlung bei Altersteilzeit letztlich das Gehalt!

Gehaltsumwandlung mit Rürup-Förderung

Seit 2005 können Arbeitnehmer eine sogenannte Rürup-Rente über den Betrieb abschließen. Bei dieser Basis-Versorgung, die nach ihrem Erfinder, dem Wirtschaftsweisen Professor Bert Rürup benannt wurde, werden aber nur Tarife gefördert, die der gesetzlichen Rentenversicherung ähneln. Das bedeutet: Es muss sichergestellt sein, dass der Vertrag weder beliehen noch verschenkt, nicht verkauft, vererbt oder verpfändet werden kann. Einmal abgeschlossen, kommt der Mitarbeiter daher an sein Geld vor Rentenbeginn nicht mehr heran. Das gilt auch, wenn er die ursprünglich betrieblich abgeschlossene Police später privat fortführen will. Ab Rentenbeginn darf das angesparte Kapital zudem nur in Form einer lebenslangen Rente ausgezahlt werden. Kapitalabfindungen oder auch nur die Entnahme von 30 Prozent des angesparten Kapitals, wie es bei Riester-Renten möglich ist, sind bei Rürup-Verträgen nicht erlaubt.

Lebenslange Rente

Und falls der Versicherte stirbt, kann das angesparte Kapital allenfalls an den bisherigen Ehepartner oder die Kinder als lebenslange (bei Kindern zeitlich begrenzte) Rente ausgezahlt werden. Die Zahlung eines Sterbegelds an Dritte, wie es andere Betriebsrententarife bisweilen bieten, ist dagegen ausgeschlossen.

Auch die Förderung verläuft ähnlich wie bei der gesetzlichen Rente. Arbeitnehmer müssen die Beiträge für eine betriebliche Rürup-Rente zunächst aus ihrem Nettoeinkommen erbringen. Im Rahmen der jährlichen Steuererklärung prüft das Finanzamt dann, ob und wie viel vom Beitrag als Sonderausgaben steuerlich berücksichtigt werden kann – und stellt diesen Teil der Einzahlungen steuerfrei. Der Förderhöchstbetrag ist auf 20.000 Euro (Single) bzw. 40.000 Euro (Ehepaar) begrenzt. Allerdings rechnet der

Steuerliche Begünstigung

Fiskus in den Jahren bis 2025 nur einen Teil der gezahlten Beiträge bis zum Höchstbetrag als Sonderausgabe an.

Gestaffelte Förderung

Denn die Förderung ist gestaffelt. 2009 können zum Beispiel 68 Prozent der Beiträge abgesetzt werden, 2010 sind es 70 Prozent. In den Folgejahren steigt der absetzbare Beitragsanteil dann jeweils um 2 Prozent, bis der Höchstbetrag im Jahr 2025 erreicht ist.

Darüber hinaus – und das ist für Arbeitnehmer mit betrieblichem Rürup-Vertrag wichtig – rechnet der Fiskus bei diesen jährlichen Sonderausgaben auch die Beiträge für die gesetzliche Rente mit an. Das bedeutet: Nur soweit bei den Sonderausgaben über die Beiträge zur gesetzlichen Rentenversicherung noch Spielraum ist, können auch Beiträge für eine betriebliche Rürup-Rente abgesetzt werden.

Gestaffelte Besteuerung

Genau wie bei der Rente vom Staat werden die Auszahlungen erst bei Rentenbeginn ab 2040 zu 100 Prozent besteuert. Wer früher in Rente geht, muss nur einen Teil der Rente versteuern, der Rest bleibt steuerfrei. Wie hoch der steuerpflichtige Anteil der Rente ist, hängt vom Kalenderjahr bei Rentenbeginn an. Wer zum Beispiel 2010 in Rente geht, bei dem sind 60 Prozent der Rente steuerpflichtig; Neurentner ab 2015 müssen bereits 70 Prozent versteuern.

Wichtig: Eine Rürup-Rente wird nur dann als Betriebsrente anerkannt, wenn der Arbeitgeber seinen Mitarbeitern für die Gehaltsverwendung mit Rürup-Förderung zugleich eine Versorgungszusage (⇢ Seite 85) gibt. Ist er dazu nicht bereit, gilt die Entgeltumwandlung à la Rürup lediglich als betrieblich organisierte Privatvorsorge. Wie bei der Riester-Rente unterliegen auch die Auszahlungen aus einer betrieblichen Rürup-Rente bei in der gesetzlichen Krankenversicherung Versicherten der Kranken- und Pflegeversicherungspflicht.

So fördert der Staat die betriebliche Altersvorsorge

Form der Betriebsrente	Ansparphase — Einzahlungen des Arbeitnehmers		Rentenphase — spätere Auszahlung
	steuerfrei p.a.	sozialabgabenfrei p.a.	
Direktzusage	unbegrenzt (kein Zufluss nach § 11 EStG) keine Riester-Zulage	■ bis 4 % BBG [1]	steuer- und ggf. voll krankenversicherungspflichtig (§ 19 Abs. 1 Nr. 2 EStG, § 226 SGB V)
U-Kasse	unbegrenzt, (kein Zufluss nach § 11 EStG) keine Riester-Zulage	■ bis 4 % BBG [1]	steuer- und ggf. voll krankenversicherungspflichtig (§ 19 Abs.1 Nr. 2 EStG, § 226 SGB V)
Direkt-versicherung	■ **Altzusagen:** bis 1.752/2.148 Euro 20 % Pauschalsteuer (§ 40 b EStG) ■ **Neuzusagen:** bis 4 % BBG steuer- und sozialabgabenfrei [1] + 1.800 Euro steuerfrei ■ (§ 3 Nr. 63 EStG n.F.) ■ wahlweise mit Zulagenförderung [2]	■ **Altzusagen** (Abschluss bis 2005): Sonderzahlungen bis max. 1.752/2.148 Euro ■ **Neuzusagen** bis 4 % BBG [1] ■ bei Zulagenförderung: nein	**Altzusagen:** steuerfrei, bei Rentenzahlung: Steuer nur auf Ertragsanteil (§ 22 Nr. 1 bb EStG) **bei Neuzusagen:** voll steuerpflichtige Rente (§ 22 Nr. 5 EStG) in allen Fällen voll beitragspflichtig in Kranken- und Pflegeversicherung (§ 226 SGB V)
Pensionskasse	■ **Altzusagen:** bis 4 % BBG [1] steuerfrei, höhere Beträge mit Pauschalsteuer wie Direktversicherung (§ 40 b EStG) ■ **Neuzusagen:** bis 4 % BBG [1] + 1.800 Euro, steuerfrei ■ wahlweise mit Zulagenförderung [2]	■ bis 4 % BBG [1] abgabenfrei [3] ■ bei Zulagenförderung: nein	**Altzusagen:** pauschal versteuerter Teil wie pauschalversteuerte Direktversicherung, (§ 22 Nr. 1 bb EStG) **sonst:** Rente voll steuerpflichtig (§ 22 Nr. 5 EStG) In allen Fällen voll beitragspflichtig in Kranken- und Pflegeversicherung (§ 226 SGB V)
Pensionsfonds	■ bis 4 % BBG [1] + 1.800 Euro, steuerfrei ■ alternativ mit Zulagenförderung [2]	■ bis 4 % BBG [1] ■ bei Zulagenförderung: nein	voll steuer- und beitragspflichtig in Kranken-und Pflegeversicherung (§ 22 Nr.5 EStG; § 226 SBG V)

1) = vier Prozent bis zur Beitragsbemessungsgrenze (West) zur Rentenversicherung (in 2009: 2.592 Euro)
2) steuerfrei bleiben maximal: 2.100 Euro (seit 2008)
3) sofern auch noch ein pauschal versteuerter Vertrag besteht (nur zulässig bei Beiträgen oberhalb 4 % BBG), bleiben einmalige Sonderzahlungen bis max. 1.752/2.148 Euro sozialabgabenfrei.

Pauschalversteuerte Entgeltumwandlung

Lukrativ für
Altverträge

Bis Ende 2004 war auch die pauschal versteuerte Direktversicherung in der betrieblichen Altersvorsorge sehr be-
liebt. Für neu zugesagte Betriebsrenten gibt es diesen Förderweg zwar nicht mehr. Doch wer noch einen Altvertrag
aus früheren Jahren besitzt, kann diesen pauschal versteuert fortführen. Dann werden weiterhin Einzahlungen bis zu
1.752 Euro im Jahr – in Ausnahmefällen bis zu 2.148 Euro –
gefördert. Die Höhe der Förderung in der Ansparphase
ist vergleichsweise gering: Statt mit dem individuellen
Steuersatz müssen die Beiträge für die Direktversicherung
nur pauschal mit 20 Prozent (plus Solidaritätszuschlag
und Kirchensteuer) versteuert werden. Für Durchschnittsverdiener, die keine hohe Steuerlast tragen, lohnt sich das
kaum. Es sei denn, der Arbeitgeber übernimmt die Pauschalsteuer.

Auszahlleistungen
weitgehend steuerfrei

Das große Plus bei Nutzung dieser Verträge zeigt sich
jedoch im Alter. Denn während eine mit Riester-Förderung
oder aus steuerfreier Entgeltumwandlung angesparte
Betriebsrente im Alter voll steuerpflichtig ist, bleiben die
Auszahlleistungen bei einer pauschal versteuerten Betriebsrente weitgehend steuerfrei. Wer sich für die Kapital-
abfindung bei Rentenbeginn entscheidet, muss überhaupt
keine Steuern darauf zahlen, sofern der Vertrag dann
zwölf Jahre bestand. Soll die Betriebsrente als lebenslange Rente fließen, muss nur der sogenannte Ertragsanteil
versteuert werden. Dessen Höhe hängt vom Alter bei Rentenbeginn ab. Wer noch mit 60 in Rente gehen kann, bei
dem zählen 22 Prozent der Rente zum steuerpflichtigen
Einkommen. Bei Rentenbeginn mit 65 Jahren sind es sogar
nur 18 Prozent. Das macht die Fortführung der pauschal
versteuerten Direktversicherung für alle attraktiv, deren
Rente infolge des Alterseinkünftegesetzes künftig voll
steuerpflichtig sein wird oder die andere steuerpflichtige

Zusatzeinnahmen im Alter erwarten können. Gesetzlich Krankenversicherte müssen allerdings auch hier einkalkulieren, dass die Auszahlung voll kranken- und pflegeversicherungspflichtig ist – gleichgültig, ob sie sich für eine einmalige Kapitalabfindung oder die Rentenleistung entscheiden.

Clever kombiniert

Wenn genügend Geld übrig ist, können durchaus mehrere Fördervarianten miteinander kombiniert werden.

Wer zum Beispiel die steuerfreie Entgeltumwandlung nutzt, keine pauschal versteuerte Direktversicherung mehr besitzt und die Riester-Zulage nutzen will, kann 2009 bis zu 6.492 Euro steuerlich gefördert zum Aufbau einer Betriebsrente nutzen. So viel Spielraum für die Altersvorsorge haben aber wohl nur die wenigsten Arbeitnehmer. Darüber hinaus müssen sowohl Arbeitgeber als auch die Tarifparteien mitspielen, damit so viel Geld auf das Vorsorgekonto fließen kann. Denn einen Rechtsanspruch auf einen derart hohen Gehaltsverzicht haben Arbeitnehmer nicht!

Spielraum nutzen

Mitnahme von Betriebsrenten

Ein großes Problem in der betrieblichen Altersversorgung ist der Arbeitsplatzwechsel. Denn eine problemlose Mitnahme von erworbenen Betriebsrentenansprüchen ist bislang nur bei Direktversicherungen oder sogenannten Branchenlösungen mit überbetrieblichen Versorgungswerken möglich, denen sowohl der alte als auch der neue Arbeitgeber angeschlossen ist. In allen anderen Fällen hängen die Mitnahmemöglichkeiten vom Einzelfall ab.

Problemlose Mitnahme nur bei Direktversicherungen und Branchenlösungen

Gesicherte Ansprüche

Das bedeutet allerdings nicht, dass Betriebsrentenansprüche verloren sind, wenn Mitarbeiter das Unternehmen
verlassen. Denn sobald die Betriebsrente unverfallbar
ist (⸱⸱⸱⸱⸳ Kasten), muss der Arbeitgeber oder das von ihm
beauftragte Versorgungswerk dem früheren Mitarbeiter
aus dem angesammelten Guthaben im Alter eine entsprechende Rente zahlen. Darüber hinaus haben Arbeitnehmer
bei einer Direktversicherung oder Pensionskasse auch die
Möglichkeit, den Vertrag nach Ausscheiden aus dem Betrieb mit eigenen Beiträgen fortzuführen. Dabei können sie
seit 2005 sogar die Riester-Förderung nutzen – auch wenn
der Vertrag bislang im Wege der steuerfreien Entgeltumwandlung bespart wurde.

Verfallbarkeitsfristen

Verzichten Arbeitnehmer zugunsten einer Betriebsrente auf
Gehalt, sind die erworbenen Ansprüche von Anfang an unverfallbar. Sie gehen also auch bei einem Arbeitgeberwechsel nicht
verloren. Das gilt für alle Formen der Entgeltumwandlung.

Arbeitgeberfinanzierte Betriebsrenten werden dagegen üblicherweise genutzt, um die Mitarbeiter an das Unternehmen zu
binden. Wer den Betrieb vor Ablauf bestimmter Fristen verlässt,
verliert daher seine Ansprüche komplett. Das sollten Arbeitnehmer beachten, wenn sie den Job wechseln wollen.

Erworbene Ansprüche bleiben seit 1. Januar 2009 aber bereits
dann erhalten, wenn der Arbeitnehmer über 25 Jahre alt ist und
die Versorgungszusage bereits seit mindestens fünf Jahren
besteht. Dann gilt die Anwartschaft als unverfallbar. Für frühere
Zusagen gibt es eine Übergangsregelung: Die Zusagen sind ab
2014 unverfallbar, sofern Arbeitnehmer bis dahin das 25. Lebensjahr vollendet haben.

Bislang wird diese Möglichkeit aber nur wenig genutzt.
Sofern keine Mitnahmemöglichkeit besteht, führt ein häufiger Arbeitsplatzwechsel deshalb in der Praxis dazu, dass
der betroffene Arbeitnehmer im Alter eine Anzahl diverser

Kleinrenten aus den verschiedenen Töpfen seiner früheren Arbeitgeber erhält – vorausgesetzt, er besitzt noch alle Unterlagen über die erworbenen Ansprüche und kann diese rechtzeitig geltend machen.

Vielzahl an Kleinrenten

Mit dieser unbefriedigenden Praxis soll allerdings in Zukunft Schluss sein. Seit 2005 haben Arbeitnehmer einen Rechtsanspruch auf Mitnahme des angesparten Kapitals ihrer Betriebsrente. Das soll den Beschäftigten ermöglichen, die vielen zersplitterten Betriebsrentenansprüche zu bündeln, sodass am Ende der Lebensarbeitszeit nur noch eine Betriebsrente vom letzten Arbeitgeber oder dessen Versorgungswerk auszuzahlen ist. Ob dieses gesetzgeberische Ziel erreicht werden kann, ist allerdings noch zweifelhaft. Denn das Recht zur Mitnahme von Betriebsrentenansprüchen ist an eine Reihe von Voraussetzungen geknüpft:

Voraussetzungen für Mitnahmeanspruch

- Es gilt nur für Anwartschaften, die über externe Durchführungswege, wie eine Pensionskasse, einen Pensionsfonds oder eine Direktversicherung, aufgebaut werden. Bei Direktzusagen und Unterstützungskassen hängt es dagegen weiterhin von der Zustimmung der beteiligten Arbeitgeber ab, ob die Rentenansprüche mitgenommen werden können.
- Wirksam wird der Rechtsanspruch außerdem nur bei Vorsorgeverträgen, die nach 2005 abgeschlossen worden sind. Bei Altverträgen haben Arbeitnehmer weiterhin nur eingeschränkte Mitnahmemöglichkeiten.
- Arbeitnehmer müssen den Rechtsanspruch auf Übertragung außerdem binnen eines Jahres nach Beendigung des alten Jobs geltend machen. Sonst bleiben die erworbenen Ansprüche wie bislang beim alten Arbeitgeber bestehen.
- Der Übertragungswert darf zudem die Beitragsbemessungsgrenze in der gesetzlichen Rentenversicherung (2009: 64.800 Euro pro Jahr) nicht übersteigen. Wer

fleißig spart und hohe Einzahlungen leistet, wird seinen Mitnahmeanspruch daher spätestens in den letzten Jahren vor Rentenbeginn doch nicht mehr geltend machen können.

Versorgungsumfang nicht gesichert

Darüber hinaus löst der Rechtsanspruch auf Mitnahme längst nicht alle Probleme, die bei einer Übertragung des angesparten Kapitals von einem auf ein anderes Versorgungswerk entstehen können. Denn im Gegensatz zur freiwilligen Übertragung von Betriebsrenten, bei der auch alle Rechte und Pflichten der einmal erteilten Zusage auf den neuen Arbeitgeber übergehen, muss der Umfang der Versorgung bei Mitnahme des Kapitals keinesfalls eins zu eins übernommen werden.

War bislang beispielsweise eine Hinterbliebenen- oder Berufsunfähigkeitsrente im Vertrag mit eingeschlossen, so muss der neue Arbeitgeber dies keinesfalls beibehalten. Er kann auch lediglich eine Altersrente als Gegenleistung für das übertragene Kapital zusagen. Darüber hinaus rechnet und kalkuliert jedes Versorgungswerk anders. So kann es passieren, dass beim alten Versorgungswerk eine höhere Rentenleistung zu erwarten ist als beim neuen – obwohl beide ihre Leistungen auf Basis des gleichen Kapitalbetrags kalkulieren. Nicht selten zehren aber auch zusätzliche Übertragungskosten oder neue Abschlussprovisionen am Übertragungskapital. Dann fällt die Betriebsrente bei Mitnahme allein aus Kostengründen niedriger aus als bei beitragsfreier Fortführung bis zum Rentenalter beim bisherigen Arbeitgeber.

Übertragungskosten und Abschlussprovisionen

Der Gesamtverband der Versicherungswirtschaft hat daher ein Übertragungsabkommen geschlossen, das zumindest eine doppelte Belastung mit Abschlusskosten ausschließt. Das Abkommen gilt aber nur für Direktversicherungen und Pensionskassen, für Pensionsfonds und Unterstützungskassen ist es ohne Bedeutung. Außerdem ist es auf die

Mitgliedsunternehmen beschränkt. Kurz: Es gilt nicht für alle Versorgungswerke und löst die Probleme somit nicht.

Letztlich müssen daher die Arbeitnehmer selbst entscheiden, ob sie ihr Recht zur Mitnahme von Betriebsrenten ausüben wollen oder erworbene Ansprüche wie bislang beim alten Arbeitgeber stehen lassen. Um ihnen die Entscheidungsfindung zu erleichtern, räumt der Gesetzgeber allen Betroffenen ein Auskunftsrecht ein. So muss der bisherige Arbeitgeber oder sein Versorgungswerk schriftlich mitteilen, wie hoch die erworbenen Betriebsrentenansprüche bei Auszahlung im Alter sein werden und wie viel Kapital der Arbeitnehmer bei einem Wechsel mitnehmen kann. Auch der neue Arbeitgeber bzw. dessen Versorgungswerk ist in der Pflicht: Sie müssen darüber informieren, wie hoch der Rentenanspruch sein wird, den der Arbeitnehmer bei Mitnahme des Kapitals hier erwarten kann. Durch Gegenüberstellung dieser Informationen sollen Arbeitnehmer dann entscheiden, welche Lösung für sie persönlich vorteilhafter ist. In der Praxis dürften die meisten mit diesem Vergleich jedoch überfordert sein. Denn es ist oftmals sehr kompliziert, die Informationen und Verträge korrekt zu bewerten.

Auskunftsrecht und Informationspflicht

Darauf sollten Sie bei Angeboten achten

Angebote zur betrieblichen Altersvorsorge sind selten standardisiert. Darüber hinaus können Arbeitnehmer den Anbieter nicht einfach wechseln, wenn sie feststellen, dass die Konditionen nicht optimal sind. Dieses Recht steht in der betrieblichen Altersversorgung grundsätzlich nur dem Arbeitgeber zu. Denn er ist der Vertragspartner des Versorgungswerks. Die Mitarbeiter sind lediglich die Versicherten.

Einmal abgeschlossen, kommen Arbeitnehmer aus dem
Vertrag deshalb nicht mehr heraus. Sie können ihn allenfalls beitragsfrei stellen – und das ist oft mit Nachteilen
verbunden. Deshalb gilt: Lassen Sie sich vor Abschluss
einer Entgeltumwandlungsvereinbarung immer die Ver-
tragsbedingungen aushändigen und studieren Sie diese
sorgfältig. Oder lassen Sie das Kleingedruckte von einer
Verbraucherzentrale (Adressen ⇢ Seite 115) prüfen. Denn
folgende Fußangeln im Vertrag wirken sich nachteilig für
Arbeitnehmer aus:

Vertragsbedingungen prüfen

- **Abschlusskosten:** Genau wie beim Abschluss einer privaten Lebensversicherung werden auch Angebote zur
  betrieblichen Altersversorgung nicht selten vorweg mit
  Abschlusskosten belastet. Das bedeutet: Ein Teil der
  Beiträge in den ersten fünf Jahren wird von den Provi-
  sionszahlungen verschlungen. Deshalb steht kein oder
  nur wenig Kapital zur Verfügung, wenn Arbeitnehmer
  in dieser Zeit den Arbeitgeber wechseln. Bittere Folge:
  Können Arbeitnehmer den Vertrag nicht mit eigenen
  Beiträgen fortführen, erlischt der Vertrag und die geleisteten Einzahlungen sind ganz oder zu einem großen
  Teil verloren. Das Gleiche gilt, wenn sie den Vertrag in
  dieser Zeit beitragsfrei stellen wollen. Schwacher Trost:
  Sofern der Arbeitgeber darüber nicht oder nicht korrekt
  informiert hat, ist er eventuell schadenersatzpflichtig.
- **Flexibilität:** Wer die Höhe seiner Einzahlungen bei Bedarf auch einmal absenken oder Zahlpausen einlegen
  will, beispielsweise weil Familienzuwachs ins Haus
  steht und die finanziellen Mittel knapp werden, sollte
  darauf achten, dass der angebotene Tarif dies auch
  zulässt. Denn bei Produkten zur Entgeltumwandlung ist
  das längst nicht immer der Fall. Ideal sind Verträge mit
  sogenannten jährlichen Einmalbeiträgen, die jeweils in
  Rentenbausteine umgewandelt werden. Dann können
  Arbeitnehmer jährlich neu entscheiden, ob und in wel-

cher Höhe sie Entgeltumwandlung machen wollen. Auch
Zahlpausen sind problemlos möglich.

■ **Beitragsfreistellung:** Weil der Gesetzgeber den betrieblichen Versorgungswerken diesbezüglich keine
Vorschriften macht, regelt jeder Anbieter die Frage der
Beitragsfreistellung anders. Manchmal ist es überhaupt
nicht möglich, den Vertrag beitragsfrei zu stellen, solange man beim Arbeitgeber beschäftigt ist. Oder die
Beitragsfreistellung wird an Bedingungen geknüpft, wie
zum Beispiel nur während der Elternzeit. Andere Anbieter verlangen bei Beitragsfreistellung hohe Zusatzkosten. Wieder andere stimmen ihr nur zu, wenn sich auf
dem Konto bereits eine ausreichende Kapitalsumme
angesammelt hat. Unterschreitet der Zeitwert der Police diese Summe, wird der Vertrag einfach gekündigt,
falls der Arbeitnehmer auf Beitragsfreistellung pocht.
Melden Sie daher solche Angebote und bevorzugen Sie
einen privaten Vertrag, wenn das Angebot Ihres Arbeitgebers in diesem Punkt nicht flexibel ist.

■ **Hinterbliebenenschutz und Invalidenrente:** Wohl in
keinem Punkt sind die Angebote zur betrieblichen
Altersversorgung so unterschiedlich wie bei diesen
Zusatzleistungen. Prüfen Sie deshalb genau, ob Sie die
angebotene Zusatzleistung benötigen und welche Ver-
tragsbedingungen hier gelten. Im Zweifel gilt auch hier:
Zusatzleistungen lieber privat absichern anstatt einen
unzureichenden betrieblichen Tarif abschließen.

5

Die Qual der Wahl

Fünf verschiedene Anlageformen für die private Riester-Rente, fünf verschiedene Durchführungswege für die Betriebsrente und vier verschiedene Förderwege mit jeweils unterschiedlichen Förderhöhen und Laufzeiten: Ohne Hilfe von Experten scheint die Wahl der optimalen Altersvorsorge so unlösbar wie der Gordische Knoten. Das komplizierte Knäuel lässt sich jedoch vergleichsweise leicht auflösen, wenn Vorsorgesparer ihren Blick zunächst allein auf die Förderwege statt auf die verwirrenden Kombinationsmöglichkeiten lenken.

Darüber hinaus wird die Entscheidung aber auch vom notwendigen Vorsorgeaufwand bestimmt. Grundsätzlich gilt: Die Höhe der erforderlichen Sparrate hängt vom Alter und Einkommen sowie von dem bereits vorhandenen Vermögen ab. Als Faustregel können dabei folgende Zahlen gelten: Für Berufsanfänger reichen Sparraten in Höhe von vier bis sechs Prozent des Bruttoeinkommens aus. 30-Jährige sollten besser fünf bis acht Prozent ihres Einkommens in die Altersvorsorge stecken. Und wer 40 Jahre oder älter ist und noch nicht vorgesorgt hat, muss sieben bis zehn Prozent seines Bruttogehalts sparen.

Betrieblich oder privat vorsorgen?

In den meisten Fällen verfügen Verbraucher über ein begrenztes Budget. Deshalb können sie nur selten alle Förderwege zugleich nutzen. Vielmehr wollen sie wissen, welcher Förderweg in ihrem Fall der günstigste ist – und wo sie die höchste Zusatzrente erwarten können.

Grundsätzlich gilt: Legt der Arbeitgeber bei Angeboten zur Entgeltumwandlung auf die Beiträge seiner Mitarbeiter noch einen dicken Zuschuss aus der Firmenkasse obendrauf, ist die Betriebsrente immer die erste Wahl.

Günstiger können Arbeitnehmer nicht in den Genuss einer Zusatzrente kommen!

Für privat Krankenversicherte ist die betriebliche Altersvorsorge auch ohne Arbeitgeberzuschuss attraktiv. Denn
über Gruppenverträge können die meisten Firmen bessere
Konditionen als bei privaten Einzelabschlüssen bieten.
Wer sein Recht auf steuerfreie Entgeltumwandlung nutzt,
erzielt in der Ansparphase zudem erhebliche Steuervorteile. Weil das Geld brutto für netto auf das Betriebsrentenkonto fließt, steht obendrein mehr Sparkapital in
der Ansparphase zur Verfügung, das dank Zinseszinseffekt zudem auch schneller wachsen kann. Und weil
privat Versicherte auf die Zusatzrente keine Beiträge zur
Kranken- und Pflegeversicherung abführen müssen, ist die
Nettorente im Alter meist deutlich höher als bei Nutzung
anderer Förderwege.

Attraktiv für privat Krankenversicherte

Für gesetzlich Krankenversicherte ist die Entscheidung
nicht ganz so einfach. Denn sie müssen seit 2004 auf die
spätere Betriebsrente den vollen Kranken- und Pflegeversicherungsbeitrag zahlen. Davon bleibt die private
Riester-Rente verschont: Hier ist die Auszahlung nach gel-
tendem Recht sozialabgabenfrei. Ein betrieblicher Riester-
Vertrag lohnt sich für gesetzlich Krankenversicherte daher
so gut wie nie. Wer die Zulagenförderung nutzen will,
schließt besser einen privaten Vertrag ab.

**Kein Modell für gesetzlich Kranken-
versicherte**

Die steuerfreie Entgeltumwandlung kann dagegen auch für
Kassenmitglieder attraktiv sein. Weil auf die Einzahlungen
keine Sozialabgaben anfallen, ist der Nettoaufwand zum
Aufbau der Betriebsrente deutlich geringer als bei Nutzung
der Riester-Förderung. Darüber hinaus werden steuerlich
auch höhere Einzahlungen gefördert als bei der Riester-
Rente, weil der Förderhöchstbetrag jährlich mit der Beitragsbemessungsgrenze steigt. Wer sich hohe Sparraten

**Steuerfreie Entgelt-
umwandlung**

leisten kann und als Gutverdiener hohe Steuervorteile genießt, baut daher ein deutlich höheres Vorsorgevermögen auf als bei einem privaten Riester-Vertrag. Kommen dann auch noch günstige Konditionen durch einen betrieblichen Kollektivtarif hinzu, wächst das Vermögen so üppig, dass im Alter auch nach Abzug der Sozialabgaben immer noch mehr Rente zur Verfügung steht als bei Abschluss eines privaten Riester-Vertrags. Das gilt aber nicht für alle Angebote und Tarife. Deshalb kommt es bei der Entscheidung, privat oder betrieblich vorzusorgen, bei gesetzlich Krankenversicherten in hohem Maß auf die Qualität des betrieblichen Angebots und die persönlichen Umstände an.

Qualität des Angebots entscheidend

Geringverdiener und Familien fahren auf alle Fälle mit der privaten Riester-Rente besser. Wer weniger als 15.000 bis 20.000 Euro im Jahr brutto verdient oder mehrere Kinder hat, für die er noch viele Jahre Kinderzulage erhalten kann, dem spendiert der Staat einen großen Teil der Sparraten durch Zulagenförderung. Dadurch bleibt der Nettoaufwand zum Aufbau der Zusatzversorgung minimal und das Haushaltsbudget wird kaum belastet. Eine Familie mit zwei Kindern und Durchschnittseinkommen könnte derzeit beispielsweise bis zu 90 Prozent Förderung bekommen.

Rürup-Rente

Für Selbstständige und Freiberufler, denen weder die Riester-Rente noch die betriebliche Vorsorge offenstehen, kann eventuell auch die Rürup-Rente geeignet sein. Denn sofern sie den Freibetrag für die Basisvorsorge nicht mit Beiträgen für berufsständische Versorgungswerke ausschöpfen, können sie den Aufwand für das Leibrentenmodell steuerlich absetzen. Für Arbeitnehmer wird die Rürup-Rente dagegen erst interessant, wenn alle anderen Förderwege bereits in voller Höhe ausgeschöpft sind. Denn bei ihnen ist die steuerliche Förderung der Rürup-Rente minimal, weil der Großteil des Freibetrags für die Basisvorsorge durch die Beiträge zur gesetzlichen Renten-

versicherung aufgezehrt wird (⸱⸱⸱→ Seite 94). Darüber hinaus
ist sie vergleichsweise unflexibel, weil sie weder beliehen
noch vererbt, nicht verkauft und auch nicht in eine Einmalauszahlung umgewandelt werden kann. Auch im Alter darf
die Rürup-Rente nur als lebenslange Rente fließen. Nicht   Nur lebenslange Rente
einmal eine Teilentnahme von 30 Prozent des angesparten
Kapitals bei Rentenbeginn – wie bei Riester- oder Betriebsrenten – ist erlaubt. Deshalb ist die Rürup-Rente eine Wet-
te gegen den eigenen Tod. Wenn man früh stirbt, ist das
eingezahlte Kapital weg – es sei denn, der Vertrag wird mit
einer Rente für Witwen und Waisen kombiniert.

Wer mit einer hohen Steuerbelastung im Alter rechnet, für   Spitzensteuersatz im
den sollte die staatlich geförderte Altersvorsorge auf kei-   Alter möglich
nen Fall das einzige Standbein für die Zusatzvorsorge sein.
Denn in den nächsten Jahren wird die gesetzliche Rente
immer stärker besteuert. Ein heute 40-Jähriger wird – bei
Rentenbeginn mit 67 Jahren – schon 95 Prozent seiner
Rente vom Staat versteuern müssen. Kommen dann noch
eine Betriebsrente, Zinseinkünfte, beispielsweise aus der
angelegten Ablaufleistung einer Lebensversicherung, oder
gar Mieteinnahmen aus Immobilienvermögen hinzu, dann
kann es passieren, dass man auch im Ruhestand noch den
Spitzensteuersatz zahlt.

Wer damit rechnet, sollte auf den Abschluss geförderter Vorsorgeprodukte verzichten und stattdessen auf
ungeförderte Fondssparpläne oder eine private Rentenversicherung setzen. Diese Produkte werden zwar in der
Ansparphase nicht gefördert, dafür bleibt die Auszahlleistung weitgehend steuerfrei. Bei einem Fondsentnah-
meplan werden die ausgeschütteten Erträge und etwaige
Kursgewinne seit 2009 mit 25 Prozent Abgeltungssteuer
erfasst. Damit ist die Steuerpflicht abgegolten. Das bedeutet: Die Monatsrente aus dem Entnahmeplan erhöht
das insgesamt zu versteuernde Einkommen im Alter nicht.

Das ist vorteilhaft für die Steuerprogression. Bei einer ungeförderten Privatrente ist sogar nur der Ertragsanteil der Monatsrente steuerpflichtig. Dessen Höhe hängt vom Alter bei Rentenbeginn ab. Startet die Auszahlung mit 65, sind zum Beispiel nur 18 Prozent der Monatsrente steuerpflichtig. Der Rest bleibt komplett steuerfrei. Allerdings wird der steuerpflichtige Ertragsanteil zum sonstigen Einkommen addiert und mit dem individuellen Steuersatz erfasst.

Betriebliche und private Produkte im Vergleich

Wie hoch die Zusatzrente letztlich ausfällt und welcher Förderweg günstiger ist, hängt immer vom jeweiligen Einzelfall ab. Denn je nach Höhe der Förderung in der Ansparphase und der Belastung mit Steuern und Sozialabgaben im Alter und je nach Qualität und Tarif des jeweiligen Anbieters kommt unterm Strich eine andere Nettorente heraus.

Beispiel

Angenommen, ein 34-jähriger Arbeitnehmer mit 30.000 Euro Bruttojahresgehalt, verheiratet, ohne Kinder, steht vor der Wahl, den optimalen Förderweg zu finden. Nach Riester-Regelung müsste er vier Prozent seines Bruttogehalts oder umgerechnet 1.200 Euro in einen förderfähigen Vertrag einzahlen. Sein Eigenanteil verringert sich jedoch um 154 Euro Grundzulage. Außerdem kann er mit 214,19 Euro Steuerersparnis rechnen, sodass der Nettoaufwand bei 831,81 Euro liegt. Unterm Strich macht das eine Förderung in der Ansparphase von 30,68 Prozent. Den gleichen Fördersatz würde er bei Abschluss eines betrieblichen Riester-Vertrags erhalten. Würde er die 1.200 Euro dagegen im Wege der steuerfreien Entgeltumwandlung auf ein Betriebsrentenkonto einzahlen, würde er rund 368,19 Euro Steuern plus etwa 249,75 Euro Sozialabgaben sparen. Unterm Strich läge sein Eigenanteil daher bei 582,06 Euro, was einer Förderquote von 51,5 Prozent des Sparbeitrags entspricht.

In der Ansparphase wäre deshalb klar: Die steuerfreie Entgeltumwandlung bringt die höhere Förderung. Ob sich das auch im Alter auszahlt, steht dagegen auf einem anderen Blatt. Im Modellfall würde der Riester-Vertrag eine garantierte Monatsrente von bis zu 195 Euro bringen, die durch nicht garantierte Überschusserträge bis auf 347 Euro steigen kann. Verglichen damit wäre die betriebliche Riester-Rente im Modellfall mit knapp 169 Euro Garantierente und Aussicht auf 282 Euro Gesamtrente sogar deutlich schlechter. Das liegt daran, dass viele betriebliche Versorgungswerke bei Riester-Förderung höhere Verwaltungskosten berechnen, was letztlich auf die Leistung drückt. Der große Unterschied zeigt sich jedoch nach Abzug von Steuern und Sozialabgaben. Während die private Riester-Rente lediglich in voller Höhe steuerpflichtig ist, werden beim betrieblichen Vertrag auch noch Kranken- und Pflegeversicherungsbeitrag fällig, sodass unterm Strich beim privaten Riester-Vertrag mit 277,60 Euro netto rund 101,71 Euro mehr an Rente zur Verfügung stehen als beim betrieblichen mit 175,95 Euro.

Unterschiede durch Steuer- und Sozialabgabenabzug

Etwas besser schneidet die aus steuerfreier Entgeltumwandlung angesparte Betriebsrente ab – vorausgesetzt, der Arbeitgeber bietet dem 34-Jährigen einen kostengünstigen Kollektivvertrag. Dann kann er im Alter mit rund 196 Euro Garantierente rechnen, die durch Überschusserträge bis auf rund 285 Euro wachsen kann. Damit hat die Betriebsrente aus Entgeltumwandlung im Vergleich zur betrieblichen Riester-Rente brutto die Nase leicht vorn. Zieht man allerdings 20 Prozent Steuern plus 17,7 Prozent Euro Sozialabgaben (15,5 Prozent für den neuen einheitlichen Satz der Krankenkassen plus 2,2 Prozent Pflegeversicherungsbeitrag für Kinderlose) ab, schrumpft der Vorsprung netto wieder zusammen. Und im Vergleich zur privaten Riester-Rente gilt das erst recht. Denn die spült

Lohnende Variante für Einzelfall berechnen

gesetzlich Krankenversicherten im Alter glatt 100 Euro netto mehr in die Kasse. Das gilt zumindest im Musterfall.

Das Beispiel zeigt, dass im Einzelfall immer mit spitzem Bleistift gerechnet werden muss, welcher Förderweg und welches Produkt wirklich günstiger ist. Bei einer Familie mit Kindern, die noch lange förderberechtigt sind, wäre unterm Strich zweifelsohne die private Riester-Rente die Nummer eins. Das Gleiche gilt für fast alle gesetzlich Krankenversicherten. Nur wenn der Arbeitgeber einen Zuschuss zur Entgeltumwandlung gibt, bei gut Verdienenden mit hohem Steuervorteil oder bei privat Versicherten liegt eher die Entgeltumwandlung vorn.

So viel kann die Altersvorsorge bringen: Betriebliche und private Angebote im Vergleich

Beispiel: Ein verheirateter 34-jähriger Arbeitnehmer ohne Kinder mit einem Brutto-Jahresgehalt von 30.000 Euro. Für die Altersvorsorge können ab sofort 1.200 Euro aufgebracht werden, Rentenbeginn mit 65 Jahren

	Privatvorsorge	Betriebliche Altersvorsorge	
	Private Vorsorge mit Riester-Zulage (§ 10a EStG)	Betriebliche Vorsorge mit Riester-Zulage (§ 10a EStG)	Entgeltumwandlung steuer- und sozialabgabenfrei (§ 3 Nr. 63 EStG) / Gleicher Betrag wie Riester-Förderung: 1.200 €
Produkt	Riester-Rentenpolice [1]	Pensionskasse (förderfähig) [1]	Pensionskasse [1]
Ansparphase			
Jahr	2008	2008	2008
Sparbeitrag (brutto) pro Jahr	1.200,00 €	1.200,00 €	1.200,00 €
– Zulage	– 154,00 €	– 154,00 €	0,00 €
– Steuerersparnis	– 214,19 €	– 214,19 €	368,19 €
– Sozialabgabenersparnis	0,00 €	0,00 €	249,75 €
= Nettoaufwand pro Jahr	831,81 €	831,81 €	582,06 €
Förderquote	30,68 %	30,68 %	51,5 %
Rentenphase (Die Renten können je nach Anbieter höher oder niedriger ausfallen.)			
Garantierte Monatsrente	195,00 €	169,28 €	195,93 €
Gesamtrente [2]	347,00 €	282,32 €	285,44 €
– Steuer monatlich [3]	– 69,40 €	– 56,40 €	– 57,09 €
– Kranken- und Pflegeversicherung [4]		– 49,97 €	– 50,52 €
Nettorente	277,60 €	175,95 €	177,83 €

1) Tarif mit zehn Jahren Rentengarantiezeit; 2) Anfangsrente mit jährlicher Steigerung, der über den Garantiebetrag hinausgehende Teil der Monatsrente ist jedoch nicht garantiert; 3) unter Annahme eines Steuersatzes von 20 % im Alter; 4) unter Annahme von 15,5 % Krankenversicherungs- und 2,2 % Pflegeversicherungsbeitrag.
Quelle: eigene Recherchen

6
Anhang

Hier finden Sie Rat

Verbraucher allgemein

Stiftung Warentest
Lützowplatz 11–13
10785 Berlin
Telefon (0 30) 26 31-0
Telefax (0 30) 26 31-27 27
E-Mail: email@stiftung-warentest.de
www.test.de

Verbraucherzentrale Bundesverband e. V. (vzbv)
Markgrafenstraße 66
10969 Berlin
Telefon (0 30) 2 58 00-0
Telefax (0 30) 2 58 00-2 18
E-Mail: info@vzbv.de
www.vzbv.de

Verbraucherzentralen

Verbraucherzentrale Baden-Württemberg e. V.
Paulinenstraße 47
70178 Stuttgart
Telefon: (07 11) 66 91-10
Telefax: (07 11) 66 91-50
www.verbraucherzentrale-bawue.de

Verbraucherzentrale Bayern e. V.
Mozartstraße 9
80336 München
Telefon: (0 89) 5 39 87-0
Telefax: (0 89) 53 75 53
www.verbraucherzentrale-bayern.de

Verbraucherzentrale Berlin e. V.
Hardenbergplatz 2
10623 Berlin
Telefon: (0 30) 2 14 85-0
Telefax: (0 30) 2 11 72 01
www.verbraucherzentrale-berlin.de

Verbraucherzentrale Brandenburg e. V.
Templiner Straße 21
14473 Potsdam
Telefon: (03 31) 2 98 71-0
Telefax: (03 31) 2 98 71-77
www.vzb.de

Verbraucherzentrale des Landes Bremen e. V.
Altenweg 4
28195 Bremen
Telefon: (04 21) 1 60 77-7
Telefax: (04 21) 1 60 77-80
www.verbraucherzentrale-bremen.de

Verbraucherzentrale Hamburg e. V.
Kirchenallee 22
20099 Hamburg
Telefon: (0 40) 2 48 32-0
Telefax: (0 40) 2 48 32-2 90
www.vzhh.de

Verbraucherzentrale Hessen e. V.
Große Friedberger Straße 13–17
60313 Frankfurt a. M.
Telefon: (0 69) 97 20 10-0
Telefax: (0 69) 97 20 10-50
www.verbraucher.de

Neue Verbraucherzentrale
in Mecklenburg-Vorpommern e. V.
Strandstraße 98
18055 Rostock
Telefon: (03 81) 2 08 70 50
Telefax: (03 81) 2 08 70 30
www.nvzmv.de

Verbraucherzentrale Niedersachsen e. V.
Herrenstraße 14
30159 Hannover
Telefon: (05 11) 9 11 96-0
Telefax: (05 11) 9 11 96-10
www.vzniedersachsen.de

Verbraucherzentrale Nordrhein-Westfalen e. V.
Mintropstraße 27
40215 Düsseldorf
Telefon: (02 11) 38 09-0
Telefax: (02 11) 38 09-172
www.vz-nrw.de

Verbraucherzentrale Rheinland-Pfalz e. V.
Ludwigstraße 6
55116 Mainz
Telefon: (0 61 31) 28 48-0
Telefax: (0 61 31) 28 48-66
www.vz-rlp.de

Verbraucherzentrale des Saarlandes e. V.
Trierer Straße 22
66111 Saarbrücken
Telefon: (06 81) 5 00 89-0
Telefax: (06 81) 5 00 89-22
www.vz-saar.de

Verbraucherzentrale Sachsen e. V.
Brühl 34–38
04109 Leipzig
Telefon: (03 41) 6 88 80 80
Telefax: (03 41) 6 89 28 26
www.vzs.de

Verbraucherzentrale Sachsen-Anhalt e. V.
Steinbockgasse 1
06108 Halle
Telefon: (03 45) 2 98 03-29
Telefax: (03 45) 2 98 03-26
www.vzsa.de

Verbraucherzentrale Schleswig-Holstein e. V.
Andreas-Gayk-Straße 15
24103 Kiel
Telefon: (04 31) 5 90 99-10
Telefax: (04 31) 5 90 99-77
www.vz-sh.de

Verbraucherzentrale Thüringen e. V.
Eugen-Richter-Straße 45
99085 Erfurt
Telefon: (03 61) 5 55 14-0
Telefax: (03 61) 5 55 14-40
www.vzth.de

Allgemeine Informationsquellen

Bundesanstalt für Finanzdienstleistungsaufsicht
(BaFin)
Graurheindorfer Straße 108
53117 Bonn
Telefon (02 28) 41 08-0
Telefax (02 28) 41 08-15 50
E-Mail: poststelle@bafin.de
www.bafin.de

Bundesministerium für Arbeit und Soziales (BMAS)
Wilhelmstraße 49
10117 Berlin
Telefon (0 3018) 527-0
Telefax (0 3018) 527-1830
E-Mail: info@bmas.bund.de
www.bmas.de
Fragen zur Rente? Das Bürgertelefon des Bundesministeriums für Arbeit und Soziales ist montags
bis donnerstags von 8 bis 20 Uhr erreichbar:
(0 18 05) 67 67 10.

Deutsche Rentenversicherung Knappschaft-Bahn-
See
Pieperstraße 14–28
44789 Bochum
Telefon (02 34) 3 04-0
Telefax (02 34) 3 04-66 05 0
E-Mail: rentenversicherung@
kbs.de
www.kbs.de

Deutsche Rentenversicherung Bund
Ruhrstraße 2
10709 Berlin
Telefon (0 30) 8 65-1
Telefax (0 30) 8 65-2 72 40
E-Mail: drv@drv-bund.de
www.deutsche-rentenversicherung-bund.de sowie
die Regionalträger vor Ort

Bundesverband der Rentenberater e. V.
Hohenstaufenring 17
50674 Köln
Telefon (02 21) 2 40 66 42
Telefax (02 21) 2 40 69 46
E-Mail: info@rentenberater.de
www.rentenberater.de

Gesamtverband der Deutschen Versicherungswirt-
schaft e. V. (GDV)
Wilhelmstraße 43 / 43G
10117 Berlin
Telefon (0 30) 20 20-50 00
Telefax (0 30) 20 20-60 00
E-Mail: berlin@gdv.de
www.gdv.de

Bundesverband Investment und Asset
Management e. V. (BVI)
Eschenheimer Anlage 28
60318 Frankfurt a. M.
Telefon (0 69) 15 40 90-0
Telefax (0 69) 5 97 14 06
E-Mail: info@bvi.de
www.bvi.de

Pensions-Sicherungs-Verein
Berlin-Kölnische Allee 2–4
50969 Köln
Telefon (02 21) 9 36 59-0
Telefax (02 21) 9 36 59-2 99
E-Mail: imfo@psvag.de
www.psvag.de

Arbeitsgemeinschaft für betriebliche
Altersversorgung (aba)
Rohrbacher Straße 12
69115 Heidelberg
Telefon (0 62 21) 13 71 78-0
Telefax (0 62 21) 2 42 10
E-Mail: info@aba-online.de
www.aba-online.de

Online-Informationen

www.die-rente.info
Internetportal des Bundesministeriums für Arbeit
und Soziales, mit Informationen rund um die
gesetzliche Rente und Download-Möglichkeiten der
dazugehörigen Gesetzestexte

www.vorsorgedurchblick.de
Internetportal des Verbraucherzentrale Bundesver-
bands (vzbv) zur Riester-Rente und betrieblichen
Altersvorsorge

www.ihre-vorsorge.de
Umfassendes Informations- und Serviceangebot
der Rentenversicherungsträger

www.infonetz-altersvorsorge.de
Umfassendes Informations- und Serviceangebot
der Rentenversicherungsträger

www.altersvorsorge-macht-schule.de; eine
gemeinsame Initiative der Bundesregierung, des
Deutschen Volkshochschul-Verbands, der Deut-
schen Rentenversicherung und weiterer Partner mit
Informationen über die geförderte Altersvorsorge,
Hinweisen zu Kursen in Volkshochschulen und
Serviceangeboten

www.bafin.de
Unter dem Dach der Bundesanstalt für Finanzdienstleistungsaufsicht (BaFin) findet sich die Zer-
tifizierungsstelle. Darüber hinaus gibt es zahlreiche
Informationen zur Zertifizierung und Listen der
zertifizierten Produkte.

Material-Download

**Broschüren der Deutschen Rentenversicherung
Bund**
⤳ Altersvorsorge – heute die Zukunft planen
   3. Auflage 4/2008
⤳ Von Ansparphase bis Zulage
   2. Auflage 1/2008
⤳ »Riestern« leicht gemacht – Ihre Checkliste
   3. Auflage 4/2008
⤳ Betriebliche Altersversorgung
   2. Auflage 8/2008
Download unter:
www.deutsche-rentenversicherung-bund.de
oder als Broschüre zu bestellen:
Deutsche Rentenversicherung Bund
Ruhrstraße 2
10709 Berlin
Telefon (0 30) 8 65-1
Telefax (0 30) 86 5-2 72 40

Broschüren/Bücher

Zusätzliche Altersvorsorge
herausgegeben vom Bundesministerium für Arbeit
und Soziales (Bestellnummer A 817, kostenlos)

Ratgeber zur Rente
herausgegeben vom Bundesministerium für Arbeit
und Soziales (Bestellnummer A815, kostenlos)

Rentenratgeber für Frauen
herausgegeben vom Bundesministerium für Arbeit
und Soziales (Bestellnummer A 270, kostenlos)

Bestellungen an:
Bundesministerium für Arbeit und Soziales
Postfach
53107 Bonn
oder als Material-Download unter: www.bmas.de

Altersvorsorge richtig planen
Die besten Strategien für Ihre finanzielle
Absicherung
Ratgeber der Verbraucherzentrale NRW
(ca. 250 Seiten, 12,90 €)
1. Auflage 2009 (erscheint Oktober 2009)

Altersvorsorge für Selbstständige
Ratgeber der Stiftung Warentest und der Verbraucherzentrale NRW
(224 Seiten, 16,90 Euro)
1. Auflage 2007

Betriebliche Altersvorsorge
Gesetzliche Grundlagen, staatliche Forderung,
betriebliche Praxis
Ratgeber der Verbraucherzentrale NRW
(224 Seiten, 9,90 €)
2. Auflage 2007

Berufsunfähigkeit gezielt absichern
Ratgeber der Stiftung Warentest und der
Verbraucherzentrale NRW
(160 Seiten, 12,90 €)
3. Auflage 2008

Diese Ratgeber der Verbraucherzentralen zu
Fragen der Altersvorsorge erhalten Sie in den
Beratungsstellen oder über den Versandservice der
Verbraucherzentralen (Adressen ⇢ Seite 115).

Stichwortverzeichnis

Notizen

Impressum

Herausgeber

Verbraucherzentrale Nordrhein-Westfalen e. V.
Mintropstraße 27, 40215 Düsseldorf
Telefon: 02 11/38 09-555
Fax: 02 11/38 09-235
E-Mail: publikationen@vz-nrw.de
www.vz-nrw.de

Mitherausgeber

Verbraucherzentrale Bundesverband e. V.
Markgrafenstraße 66
10969 Berlin
Telefon (0 30) 2 58 00-0
Telefax (0 30) 2 58 00-2 18
www.vzbv.de

Verbraucherzentrale Hamburg e. V.
Kirchenallee 22
20099 Hamburg
Telefon: (0 40) 2 48 32-0
Telefax: (0 40) 2 48 32-2 90
www.vzhh.de

Verbraucherzentrale Niedersachsen e. V.
Herrenstraße 14
30159 Hannover
Telefon: (05 11) 9 11 96-0
Telefax: (05 11) 9 11 96-10
www.vzniedersachsen.de

Text	Barbara Sternberger-Frey, Pulheim
Fachliche Betreuung	Heinz-Josef Nüssgens, Hennef
Redaktion	Dr. Mechthild Winkelmann, Dortmund
Lektorat	Wolfgang Starke
Layout und Produktion	HPPR Werbeagentur, Neuss; www.hppr.de
Titelbild	Reinhard Eisele, Augsburg
Illustrationen	Karl-Heinz Schrörs, Köln
Druck	BasseDruck GmbH, Hagen
	gedruckt auf 100 % Recyclingpapier

Redaktionsschluss: Juni 2009

verbraucherzentrale

Noch Fragen?
Die Beratung der Verbraucherzentralen

Unser Plus für Sie!

Hoffentlich haben Ihnen die Informationen in diesem Ratgeber weitergeholfen. Wenn Sie noch Fragen haben ... Die Expertinnen und Experten der Verbraucherzentrale beraten Sie individuell, kompetent und unabhängig:

- in Ihrer Beratungsstelle vor Ort,
- am Telefon oder
- im Internet

! Wir beraten zum Beispiel zu:

- Banken und Geldanlagen
- Baufinanzierung
- Energie
- Ernährung
- Haushalt, Freizeit, Telekommunikation
- Kreditrecht, Schuldner- und Insolvenzverfahren
- Patientenrechte und Gesundheitsdienstleistungen
- Reiserecht
- Versicherungen

www.

Unter www.verbraucherzentrale.de finden Sie das vollständige Beratungsangebot in Ihrem Bundesland.

Oder Sie nehmen direkt Kontakt mit Ihrer Verbraucherzentrale auf: Die Adressen finden Sie auf Seite 115.

Nutzen Sie unser Beratungsangebot und treffen Sie mit unserer Unterstützung die richtigen Entscheidungen. Wir sind für Sie da!

Hier können wir Ihnen nur eine kleine Auswahl aus unserem umfangreichen Ratgeberprogramm vorstellen. Mehr als 100 aktuelle Titel halten wir für Sie bereit. Auf Wunsch senden wir Ihnen gern ein Gesamtverzeichnis zu. Zu den genannten Preisen (Stand: Juni 2009) kommen noch Porto und Versandkosten.

Berufsunfähigkeit gezielt absichern |1|

Jeder vierte Berufstätige wird berufsunfähig – im Durchschnitt schon mit 43 Jahren. Von der gesetzlichen Erwerbsminderungsrente ist dann oft nichts zu erwarten. Deshalb sollten Sie Ihre Versorgungslücke mit einer privaten Berufsunfähigkeitsversicherung schließen. Der Ratgeber führt Sie Schritt für Schritt zum optimalen Versicherungsschutz.
3. Auflage 2008, 160 Seiten, 12,90 Euro

Die Baufinanzierung |2|

Den Traum von den eigenen vier Wänden zu verwirklichen, ist für viele Menschen ein wichtiges Lebensziel. In Zeiten der weltweiten Finanzkrise und bröckelnder Rentenansprüche rückt aber auch die Funktion der eigenen Immobilie als Altersvorsorge immer mehr in den Mittelpunkt. Unser aktueller Ratgeber zeigt, wie die oft größte Investition im Leben finanziell zu schultern ist, und hilft mit Berechnungsbeispielen und Checklisten weiter.
3. Auflage 2009, 176 Seiten, 14,90 Euro

Altersvorsorge richtig planen |3|

Mit vermeintlich lukrativen Angeboten zur Altersvorsorge locken Banken, Anlageberater, Versicherungen und Immobilienverkäufer – und die Verunsicherung ist größer denn je. Dieses Einmaleins der Altersvorsorge bietet unabhängigen, profunden Rat.
1. Auflage 2009 (erscheint im Oktober 2009), ca. 250 Seiten, 12,90 €

Betriebliche Altersvorsorge |4|

Der Betriebsrente kommt eine wichtige Rolle zu – neben der gesetzlichen Rente, den staatlich geförderten Riester- und Rürup-Verträgen sowie der zusätzlichen privaten Altersvorsorge. Dieser Ratgeber informiert übersichtlich und kompakt über die grundsätzlichen Möglichkeiten der betrieblichen Rente, über die Entgeltumwandlung und die neuen Förderungsregeln.
2. Auflage 2007, 224 Seiten, 9,90 Euro

ABC der Geldanlage |5|

Erfolgreiche Geldanlage ist in erster Linie eine Frage der Information. Ob es um Sparformen, Vermögensaufbau oder die Strategien der Altersvorsorge geht: Das Nachschlagewerk bietet profundes und unabhängiges Wissen für alle, die ihr Geld sicher und erfolgreich anlegen wollen. Mit aktuellen Tipps und einem Extra-Kapitel zur Finanzkrise.
2. Auflage 2009, 176 Seiten, 9,90 Euro

Richtig versichert |6|

An Versicherungen kommt man nicht vorbei: im Beruf, im Privatleben, zur Absicherung der Familie, bei der Altersvorsorge, beim Immobilienbesitz oder auf Reisen. Doch leider wird eine Menge Geld für überflüssige und zu teure Versicherungen verpulvert. Dieser Ratgeber informiert Sie, welche Versicherungen Sie wirklich brauchen, und nennt für jede Versicherungssparte empfehlenswerte Anbieter.
22. Auflage 2008, 280 Seiten, 12,90 Euro

Vorsorge selbstbestimmt |7|

Wer sichergehen will, dass im Fall der Fälle Entscheidungen im eigenen Sinn getroffen werden, sollte für seine Angehörigen alle wichtigen Informationen bereithalten. Testament, Geldanlage, Patientenverfügung, Versicherung ... – das Handbuch bietet Ihnen zuverlässige Informationen, erprobte Formulare, Muster und übersichtliche Checklisten. Alle wichtigen Vorlagen auch auf CD-ROM – zum individuellen Ausfüllen am PC.
1. Auflage 2008, inkl. CD-ROM, 256 Seiten, 14,90 Euro